ns van Peter d'Hamecourt verscheen bij Conserve in
.s van NOS-correspondenten

u is een gekkenhuis – Verhalen over een wereldstad
ens
a zien ze vliegen – Een reis van communisme – via pe-
ka – naar Poetinisme
* als God in Rusland – De datsja-keuken van Peter*
necourt en Julia Klotchkova

re delen in de NOS-correspondentenreeks zijn geschre-
oor:
griet Brandsma (Berlijn), Robbert Bosschart (Barcelona),
nah Draaibaar (Paramaribo), Jessica Lutz (Istanbul),
na van der Maten (Jakarta) en Andrea Vreede (Rome)

w is de Nederland-reeks van NOS-verslaggevers. Peer
a bijt het spits af met *Ik woon in Almere – De stad die*
hiedenis maakt

Petersburg, Paradijs in h

Evene
de ree

Mosk
En te
Russ
restr
Leve
d'Ha

And
ven
Mar
Hen
Wil

Nie
Uli
ges

Peter d'Hamecourt

Petersburg, Paradijs in het Moeras

Mythes over een dramatisch wereldwonder

Met foto's van Oleg Klimov

UITGEVERIJ CONSERVE

CIP-gegevens Koninklijke Bibliotheek, Den Haag

d'Hamecourt, Peter

Peter d'Hamecourt: *Petersburg, Paradijs in het Moeras – Mythes over een dramatisch wereldwonder*
Schoorl : Conserve
ISBN 978 90 5429 263 0
NUR 321
Trefw.: St. Petersburg ; Rusland ; geschiedenis ; monumenten

Inhoud

De Peter- en Paulsvesting verheft zich boven de rivier Neva

Hoofdstuk 1

Tsaar Peters Paradijs

'Weet je,' zegt hij, 'deze stad is gedoemd.'

Ik weet niet wat ik zeggen moet en mompel iets van: 'Gut, nou, ja...'

'Buitenlander zeker,', laat hij vallen, niet als vraag maar als constatering.

Hij is zomaar naast me komen zitten, een keurige heer van in de vijftig.

De zomer van 1990 is een redelijk klamme. Ik ben er voor het eerst sinds mijn verblijf in de Sovjet-Unie toe gekomen de witte nachten in Leningrad mee te maken. De natuurwetten willen dat de noordelijke metropool van dit, dan nog communistische, wereldrijk enkele weken in de maanden juni en juli 's nachts door het poollicht wordt beschenen. Ik tref het niet. Het is rond één uur in de nacht. De witte nacht gaat schuil achter een inktzwart wolkendek. Bliksemschichten lichten nog af en toe op. Maar Wodans karren met zijn weergoden nemen steeds meer afstand. Nog maar een paar minuten geleden gutste het hemelwater in strakke striemen naar beneden, doorkliefd door de furie van de goden van donder en bliksem.

Ik zit op de trappen van de Isaackathedraal en peins hoe het ook alweer zat met die Germaanse goden Wodan en Donar. Het is deze stad die je terugvoert naar mythologische gedachten. Zijn stichter tsaar Peter de Grote ken ik inmiddels uit de verhalen. Een man die moordend, hoererend en slempend zijn spoor heeft getrokken door deze stad. Maar hij is ook de inspirerende geest geweest van al die imposante bouwwerken. De man die van hieruit het Russische rijk nieuwe grenzen geeft en voor het land een gevreesde en gerespecteerde positie opeist in Europa.

Toch zit je hier omgeven door mythes, spoken en de on-wezenlijke bacchanalen van zijn stichter die te traceren zijn op elke plek. Ik voel me op de een of andere manier niet thuis in deze on-Russische en tegelijkertijd quasi-Europese stad. Ambassadeurs waren in het begin van de achttiende eeuw de ge-schiedschrijvers over de wording van de nederzetting. De delta van de rivier de Neva is niets. Het voormalige Ingmar-land is het gebied van Finse vissers en huilende wolven in don-kere wouden. Het woord neva schijnt uit het Zweeds te stam-men. Een herinnering aan de Zweedse overheersing in dit gebied. Neva betekent modder. Niemand die hier iets wil be-ginnen. Steden hebben doorgaans een ontstaansgeschiedenis van eeuwen. Sint Petersburg groeide niet uit van een neder-zetting tot een stad. Alles wat je ziet is bedacht. De natuur in samenwerking met het menselijke brein heeft hier niet de kans gehad zichzelf te ontwikkelen in een harmonieus natuurlijk proces. Het is het brein en de wil van één man die besluit dat hier iets moet ontstaan.

De bouw van de stad is in 1703 nog maar nauwelijks be-gonnen of de ambassadeurs berichten al dat het veroveren van het moeras de levens van honderdduizend en misschien wel tweehonderdduizend dwangarbeiders heeft geëist. Opge-jut door de knoet van de bezeten bedenker van dit alles, tsaar Peter de Grote. Hij is 31 jaar als hij aan het karwei begint. Een reus van twee meter en vier centimeter. Hij heeft de Zwit-serse bouwmeester Domengo Trezzini gekocht om zijn droom uit te voeren. Als tsaar Peter zich verdedigt tegen de aantij-gingen dat zijn strijd met het moeras zoveel doden eist zegt hij: 'Architectuur is een uiting van kunst te vergelijken met oorlog. Ook een veldslag kun je niet winnen zonder soldaten te verliezen.' Met dat verschil dat de krijgsgeschiedenis tot dan geen veldslag kent die zoveel slachtoffers heeft geëist. Zijn het de geesten van de boeren en buitenlui, die door de tsaar van hun dorpen zijn verdreven, die er rondwaren? Ze zijn van heinde en verre aangevoerd om hier Peters visie op Europa te bouwen. Zijn het de geesten van die arme sloebers die zich blijvend hebben gevestigd en de bezoeker dat akelige gevoel geven dat er hier iets niet deugt? Het moet. De tsaar-hervormer grijpt Rusland bij zijn nekvel en sleurt het tegenstribbelend met geweld de vooruitgang in. Moskou is het verleden, Petersburg is de toekomst, is de leuze. Rusland is halsstarriger gebleken dan de wil van zijn grote tsaar. Moskou en de Russische traditie hebben na eeuwen van strijd voorlopig gewonnen. Petersburg is een stad met de grandeur van een hoofdstad, maar het heeft geen status. Bovendien, de fut is er uit. De metropool ligt er verloren bij. Het is zelfs geen havenstad zoals Rotterdam, Marseille of Antwerpen. De haven heeft nooit een relatie gehad met de stad. De zee is ver weg. Peter de Grote wil naar zee. Maar wat is de Finse Golf? Tsaar Peter wil zijn Rusland Europa binnensleuren, maar beide zijn nog altijd niet dichter bij elkaar gekomen.

De communisten hebben de stad zeventig jaar lang in een soort coma gehouden. Het einde leek echt nabij aan het begin van de jaren negentig. De ondergang van de Sovjet-Unie kwam net op tijd voor de redding, maar hernieuwde glorie...? De rekening is nog niet definitief opgemaakt. Maar de tussenstand is dat Petersburg voorlopig niet meer is dan een museum van een groot idee dat vooralsnog jammerlijk lijkt te zijn mislukt.

Ik bouw in twintig jaar een relatie op met deze stad die niet veel verschilt van de ambivalente houding die veel van mijn Russische vrienden hebben met 'het Venetië van het noorden', 'het venster op Europa', 'de noordelijke hoofdstad', 'de stad aan de Neva', 'de culturele hoofdstad', 'Sint Petersburg', 'Petrograd', 'Leningrad', 'Sankt-Petersburch'. Ruim driehonderd jaar oud en even zolang onbegrepen en verwarrend.

Ik woon er niet en heb ook nooit de neiging gehad dat te doen. Ik voel me ook geen bezoeker. Dat zou grote betrokkenheid vergen. Mijn relatie met de stad is nooit verder gegroeid dan die van een eeuwige toerist. Ik heb er vrienden, maar ook die halen me altijd binnen alsof ik voor het eerst hun stad bezoek.

Tsaar Peter bombardeert de apostel Petrus tot beschermheilige van Sankt Pieterburch. In 1914, bij het uitbreken van de Eerste Wereldoorlog, is Rusland in de greep van het nationalisme. Pieterburg (Pieterburch) is een Nederlandse naam, maar hij klinkt Duits, de taal van de vijand, en daarom is de stad omgedoopt in Petrograd. Na de dood van Lenin in 1924 bedacht dictator Jozef Stalin een sinistere grap. De tweede stad van het land kreeg de naam Leningrad. Het is algemeen bekend dat Vladimir Lenin, de stichter van de Sovjetstaat en de vader van de communistische revolutie, de stad haat en dat hij mede daarom in 1917 besluit de status van Moskou als hoofdstad te herstellen. Stalin drijft de spot met de stad en met de heilige Lenin als in de beste tradities van Pieterburg. In 1991 kiezen de inwoners van de stad in een referendum er voor de historische naam Sankt Pieterburg (voor ons Nederlanders Sint Petersburg) te herstellen.

Hoe dan ook, per traditie ga je naar Sint-Petersbrug per trein en niet per vliegtuig. Daar begint het al. Uit eerbied voor het fenomeen aan de Finse Golf kies je voor een vorm van vervoer die iets plechtigs heeft. Elke keer als ik door haast gedreven toch het vliegtuig neem is er iets mis met mijn bezoek. Aankomen op het vliegveld Poelkovo is in strijd met de etiquette die je tegenover de stad in acht dient te nemen. Vertrekken van Poelkovo is als een onwaardig residu te worden uitgespuugd door een stad die niet past in de eeuw van haast en technologische vooruitgang.

Het station in Moskou heet om onduidelijke redenen nog altijd het Leningradstation. Lenin staat er in de hal. Hij bekijkt de arriverende reiziger met een agressieve blik in het gezicht. De vertrekkende reiziger voelt zijn ogen prikken in de rug. De ene na de andere trein vertrekt er richting Petersburg. De nachttreinen zijn het populairst. De Nevski Express en de Aurora die in de middag en de vroege avond vertrekken brengen je veel vlugger op je bestemming, maar talrijke reizigers hebben hetzelfde gevoel: je moet je niet haasten richting Petersburg. De nachttreinen doen er tussen de zeven en negen uur over om de ruim 700 kilometer te overbruggen.

De ambassadeurs verhalen in de achttiende eeuw van tochten van drie weken met hun koetsen. Modder, weggespoelde bruggen, benden die reizigers overvallen of sneeuwstormen die het reizen blokkeren. De excellenties vervloeken de bedenker van dit alles. Er is zelfs geen herberg op de route naar de stad waar een heer van stand zijn hoofd kan neerleggen. De weg tussen Moskou en Petersburg is nog altijd levensgevaarlijk, een dodenweg. De aanleg van een ultramoderne tolweg laat al jaren op zich wachten. Het geld voor een betere verbinding verdwijnt in een bodemloze put. Het was in 1700 al niet veel anders. Een zinnige reiziger neemt derhalve de trein.

De spoorwegen, of het Moskouse gemeentebestuur, hebben er voor gekozen dat elke vertrekkende trein, maar ook elke arriverende trein, uitgeleide wordt gedaan dan wel wordt verwelkomd met het Moskouse-stadslied: 'Mijn geliefde hoofdstad, mijn gouden Moskou...', galmt het over de perrons. Moskou is na ruim drie eeuwen nog altijd in oorlog met de stad die het in 1713 zijn status van hoofdstad van het rijk ontnam. De tonen van het lied zijn onderdeel van de voortdurende psychologische oorlogsvoering tussen beide steden. Niet alleen dat: de trein naar Petersburg is de trein naar Europa. De trein naar Moskou is aankomen in het hart van het Russische nationalisme, het centrum van de anti-Europa-gevoelens. De tonen van het lied zeggen: 'Welkom thuis in de schoot van onze verstikkende Russische tradities.'

Als vertrekkende reiziger kun je het lied nog negeren. Maar als je om acht uur 's morgens slaapdronken uit de trein stapt en meteen het Moskoulied in je oren krijgt gepropt ontstaat er, althans bij mij, agressie. 'Houd je bek Moskou,' wil je schreeuwen, 'daar in Petersburg ligt het enige plekje met Europese beschaving in heel Rusland. Sodemieter op met je Moskougekwijl.' De muziek is behang. Decoratie van een misplaatst Moskoupatriottisme.

Aankomend op het Moskoustation in Petersburg is er geen lied ter verwelkoming, maar walmt je de sfeer tegemoet van een stad die verwaand probeert het imago van een eeuwige strafkolonie van zich af te schudden. Lenin is hier allang uit de stationshal verdwenen. Een buste van tsaar Peter roept de reiziger een joviaal welkom toe. Althans zo lijkt het. Maar heeft de tsaar niet een spottende blik? Het was Ruslands grote schrijver Fjodor Dostojevski die de blik van de tsaar al niet vertrouwde. 'Lopend door de straten van Petersburg heb ik het idee dat iemand een grap met ons uithaalt. Je hebt het idee voortdurend te worden uitgelachen.' Zelf schijnt de schrijver zich zeer te hebben gehecht aan zijn stad. Maar hij laat de karakters in zijn boeken nogal flink uithalen naar dit fenomeen: 'Dit is een stad van halve garen. Er is geen plek op de wereld die zoveel sombere, intense en vreemde invloeden heeft op de menselijke ziel als Petersburg.'

De bezoeker is dus gewaarschuwd. Wij zijn van adel zeggen de opzichtige gevels, ook al is het dan Russische adel. Aankomen met de Grand Express of de Express is pas aankomen in de stijl die bij Petersburg past. De treinen zijn vijfsterrenhotels op wielen. Iedere keer als ik me wil laten verwennen begint het Petersburgfeest al in de trein. Je verwacht bij aankomst dat bedienden in livrei je staan op te wachten, maar het zijn slonzige kruiers als overal elders. Je dompelt meteen onder in de chaotische drukte van het Vosstanijaplein voor het station, het plein van de opstand, ter herinnering aan de revolte tegen tsaar Nicolaas II in 1905. De stad is een geschiedenisles, een themapark voor historici. Het decor voor de eeuwig durende familievete in de Romanovdynastie die hier zijn hoogtepunt heeft beleefd. Het geslacht is hier ook ten onder gegaan. De telgen staan bekend als barbaren, brute mensenhaters, rijke patsers, soms met een onnavolgbare relatie met God en de kunsten, maar vooral behept met het idee dat de Russische mens zich dient te onderwerpen aan hun op onfeilbaarheid rustende autocratie.

Het is nooit bij mij op gekomen dat ik hier zou willen wonen. De vraag is waarom? Na twintig jaar is het antwoord nog in wording. Ik sta elke keer te trappelen om af te reizen en als ik er eenmaal rondloop ben ik eigenlijk alweer bezig weg te gaan. Als de trein dan het station uitglijdt op weg naar de onvermijdelijke pathetische tonen van 'Moskou, mijn geliefde hoofdstad, mijn gouden hoofdstad...' heb ik alweer heimwee.

Mijn relatie met de stad is nog pril in 1990, als ik op de trappen van Sint Isaac zit. De sombere massieve kolos van een kathedraal met zijn metersdikke muren en pilaren die zijn gehouwen uit het marmer van Vyborg roept op tot somberheid.

De man die naast mij is komen zitten is niet dronken. Dat valt mee op dit tijdstip in deze stad die in een staat van een constant delirium lijkt te zijn verrezen. 'Dmitri,' zegt hij zonder een hand uit te steken. 'Ik kan 's nachts vaak niet slapen en dan dwaal ik een beetje rond in de stad. Toerist?'

'Nee, ik woon en werk in Moskou. Even een weekeinde uitblazen. Peter is mijn naam.'

'Hollander,' gokt Dmitri meteen goed. 'Je praat Russisch als een Litouwer, maar je gelaatsuitdrukking verraadt dat je uit het westen komt. Ik zag het meteen, dat is geen Duitser. Ik kan de grens niet over omdat ik geheime dingen heb gedaan op het ontwerpbureau. Maar wie weet wordt alles anders. Er gebeuren zoveel rare dingen in ons land. Ik denk dat het hele communistische zootje snel in elkaar stort en dan zijn we misschien eindelijk vrij. Ik zie veel meer toeristen met wie we nu gewoon kunnen praten. Vroeger kon dat niet. Werden we als een soort melaatsen weggehouden bij de bussen met toeristen. Ik maak er een sport van om aan het uiterlijk van de toeristen te zien waar ze vandaan komen. Japanners is natuurlijk niet zo moeilijk. Hollanders trouwens ook niet.'

Ik zeg: 'U woont in een heel bijzondere stad.' De zin komt mede voort uit mijn op dat moment nogal gebrekkige kennis van de Russische taal. Het is een dappere poging het gesprek gaande te houden. Een Zjigoeli verstoort de rust. Zonder uitlaat maakt de Sovjetvolkswagen het geluid van een viertonner die zich vastzuigt op het natte, pikzwarte asfalt. Uit de raampjes hangen jongelui die met flessen Sovjetchampagne zwaaien. Ik geloof dat ze ons uitnodigen deel te nemen aan hun midzomernachtfeestje.

Dmitri negeert het kabaal: 'Wel bedankt namens vijf miljoen Pitertsy dat u die Peter van ons zo gek heeft gemaakt. Ik ben nooit in Amsterdam geweest, maar ik denk dat die Peter van ons daar een beetje de kolder in zijn kop heeft gekregen. Waren er toen ook al koffieshops? Ja, dat zien we hier nu op de televisie hoe jullie daar leven. Alles mag geloof ik. Maar goed, dankzij jullie zitten we hier dan met z'n allen in dit moeras. Drie eeuwen, meneer, en je ruikt het nog. Het moeras, de lijken. Ik ben met pensioen. Het is een staatsgeheim als ik u vertel wat ik deed. Atoomonderzeeërs ontwerpen. Niet dat er nog veel te ontwerpen valt, want alles is naar de kloten in dit land en zeker in Piter. Tsaren, communisten en god weet wat ons nog meer te wachten staat. Deze stad heeft z'n langste tijd sowieso gehad.'

Nederland, of liever Holland, heeft iets met deze stad. De band wordt wederzijds gekoesterd tot op de dag van vandaag. De stad klampt zich aan zijn Hollandse banden vast als tastbaarste bewijs dat Europa niet ver weg is. Het streelt de Hollandse ijdelheid dat we zo'n belangrijke rol hebben gespeeld in de geschiedenis van het grote en machtige Rusland. Dat de tsaar die in 1725 na zijn dood door zijn volk vele decennia is verguisd toch maar in Nederland timmeren heeft geleerd willen we wel weten. Een kopie van het Zaanse standbeeld 'Pjotr plotnik', Peter de timmerman, staat aan de oevers van de Neva. Ik zie hoe prins Willem-Alexander het Nederlandse geschenk aan Petersburg onthult en er tranen biggelen over de wangen van volwassen mensen. Het is 1997, Peters bezoek aan Nederland is 300 jaar geleden. Ik slik zelf ook iets weg tijdens de ceremonie. Want bewonderen doet eigenlijk iedereen deze doldrieste tsaar, die zich graag verkleedde als Hollandse matroos en verliefd was op Delfsblauwe tegeltjes.

Dmitri diept zijn doemscenario voor de stad gretig uit. 'Het water,' hoor ik hem zeggen, 'zal alles vernietigen. De stad heeft in zijn geschiedenis vele malen op het randje van de afgrond gestaan. God heeft ons altijd bijgestaan, maar eens gaat het mis, dat verzeker ik u.' Ik kijk in het rond. Overal bouwvallen. Monumenten die staan te zuchten op hun drassige ondergrond. De schepping van de beeldhouwer Pjotr Klodt, het standbeeld met tsaar Nicolaas I op zijn steigerende paard. Als je goed kijkt is het beeld een prachtig resultaat van balanceerkunst. Het hele bronzen gevaarte rust op de tamelijk dunne achterpoten van het paard. De tsaar is nooit van zijn sokkel gehaald na de revolutie van 1917. Hij staat met zijn gezicht naar de kathedraal die door de communisten tot nutteloos museum is omgedoopt. Het is nu weer een functionerende kathedraal vol klatergoud.

Achter de tsaar staat het Mariinskipaleis, gebouwd voor prinses Maria, de dochter van tsaar Nicolaas I. De gevel is op dat moment ontsierd door allerlei Sovjetemblemen die er op zijn aangebracht. De lokale Sovjet, de gemeenteraad, houdt er zitting, later, en nog steeds, het stadsparlement. De Sovjetinsignes aan de gevels zijn in de loop der jaren verdwenen. Het paleis heeft zijn prerevolutionaire gevel terug. De 'blauwe brug' geeft met zijn bijna honderd meter breedte het plein voor de kathedraal een verlenging tot aan het paleis van prinses Maria zonder dat het riviertje de Mojka opvalt. De stroom is door de bouwmeesters van Peter de Grote gekanaliseerd en als een soort Amsterdamse gracht ingebracht in de structuur van de stad. Er zijn zo'n veertig Amsterdamse grachten die het stadsbeeld bepalen. De kleinschaligheid van Amsterdam is trouwens al snel door Peter terzijde geschoven. Londen, Parijs, Rome wil hij overvleugelen.

Wat ik toen niet wist en nu wel is dat in dat Mariinskipaleis de eerste voetstappen liggen van Vladimir Poetin, op weg naar de ultieme macht als president van Rusland. Hij volgt zijn populaire professor Anatoli Sobtsjak. De charismatische professor voelt haarfijn aan dat er verandering in de lucht zit in 1990. Hij doceert rechten aan de rechtenfaculteit van de universiteit van Petersburg. Hij is populair, want hij maakt nogal wat grappen tijdens zijn colleges over het bizarre karakter van het communistische regime.

Een jaar na mijn zit op de trappen van de Isaacskathedraal veranderen de zaken sneller dan Dmitri al voorvoelde. Sobtsjak wordt de eerste gekozen burgemeester van de stad, de jonge Poetin gaat de buitenlandse betrekkingen van Petersburg behartigen en gezamenlijk zorgen de 'democraten' ervoor dat de communistische staatsgreep van augustus 1991 ook in Petersburg op een mislukking uitdraait.

Sobtsjak schrijft mee aan de nieuwe grondwet voor de Russische Federatie, maar zijn pogingen om Petersburg voort te stuwen in de nieuwe tijden lijden schipbreuk. De stad kachelt sneller achteruit dan Moskou onder de economische malaise van de jaren negentig. De burgemeester wordt steeds meer een societyfiguur, in de tradities van het oude Petersburg. Ljoedmila Naroesova, zijn niet onaantrekkelijke vrouw, stimuleert dit. Ze gaat zelf in de politiek. Geruchten over corruptie omringen de burgemeester steeds meer en ook zijn entourage, onder wie Poetin.

Het Sobtsjakteam verliest de nieuwe verkiezingen voor het burgemeesterschap in 1996. Poetin vindt daarna zijn weg in het Moskouse circuit en Sobtsjak blijft een omstreden figuur. Hij vlucht zelfs naar Parijs om aan Justitie te ontsnappen. Zijn leerling Poetin vergeet hem niet en als deze vaste voet aan de grond krijgt in het Kremlin gaan alle dossiers die er over de ex-burgemeester bestaan dicht. Hij wordt bij terugkeer uit Parijs als een held ingehaald in zijn stad.

Sobtsjak geniet niet lang van zijn terugkeer uit zelfgekozen ballingschap. In 2000 wordt hij dood aangetroffen in een hotelkamer in Kaliningrad. Geheel in de traditie van zijn stad ontstaan er na zijn dood allerlei samenzweringstheorieën. Hij is niet overleden aan een hartaanval, maar hij is vermoord. De aanhangers van die versie putten hun gelijk uit een interview dat de omstreden burgemeester enkele dagen voor zijn dood geeft: 'Ik ben deze zomer intensief behandeld voor mijn hartkwaal. Ik voel me goed. Er zijn pogingen ondernomen me te vermoorden, maar godzijdank, ik ben gezond en sterk.'

Wie zou hem hebben willen vermoorden? Hij was een bestrijder van de toenemende invloed van de KGB, de geheime dienst. Maar zijn belangrijkste leerling en protegé en tevens ex-KGB'er, Vladimir Poetin, heeft het gebracht tot het hoogste ambt in het land. Diezelfde leerling werpt de wijze democratische lessen van zijn leermeester verre van zich en zet het land op het spoor van een autoritaire staat waar zijn voormalige KGB-broeders uit Petersburg vrij spel hebben.

Sobtsjaks graf heeft een prominente plaats gekregen op de Nikolskibegraafplaats van het Aleksandr Nevskiklooster in Petersburg. Hij ligt er tussen andere grote zonen en dochters van Petersburg. De schrijver Fjodor Dostojevski ligt er, de componist Peter Tsjajkovski en anderen die Petersburg door de eeuwen heen de naam van culturele hoofdstad hebben gegeven. Ook Galina Starovojtova ligt er. Een democrate van het eerste uur in het nieuwe Rusland. Een vrouw zo zuiver als glas. Zij is wél vermoord, in het trapportaal van haar woning aan de Gribojedovgracht in 1998. De opdrachtgevers voor de moord zijn nooit gevonden.

Sobtsjaks vrouw is nog altijd een senator in de Federatie Raad en zijn dochter Ksenia is uitgegroeid tot de Paris Hilton van Rusland. Het duo geniet van de glansrol die zij beiden spelen in de Moskouse en niet in de Petersburgse societywereld.

Poetin laat geen gelegenheid voorbijgaan om te vertellen dat Sobtsjak zijn leermeester is geweest. Wat onderwijst Sobtsjak hem? Als Poetin aan het firmament verschijnt in Moskou krijg ik, net als vermoedelijk alle buitenlandse correspondenten, een brief van een mevrouw die zegt met Poetin te hebben samengewerkt. Ze legt een Petersburgse wereld bloot die herkenbaar is in het Rusland van toen en nu. Corruptie en verrijking, het misbruik maken van overheidsposities. Wie met de beschrijving die de bron geeft op onderzoek uitgaat stuit op een muur van zwijgen. Dat zwijgen duurt voort tot op de dag van vandaag.

Dmitri, mijn nachtelijke kompaan, is een man van Piter. Mensen als hij houden van klagen, afgeven op het lot dat hen naar deze stad heeft gedreven. De winters zijn er schraal dankzij de nabijheid van de zee. De zomers klam. Zit er iets in zijn doemscenario? Venetië bestaat ook nog, ondanks vele voorspellingen dat de Italiaanse waterstad zal ondergaan. In 1990 ziet het er inderdaad nogal desolaat uit, maar een aantal jaren later zijn er toch alweer tekenen van herstel.

Met Dmitri kijk ik op die verregende zomeravond in 1990 recht tegen de gevel van het hotel Astoria die één kant van het Isaacsplein afsluit. Het hotel is aangetast door de Sovjettijd. Het heeft zijn deuren gesloten en hoopt op een nieuwe start. De bevolking van de stad laat zich niet alles aanleunen. De plannen voor de nieuwbouw voorzien in een ernstige ingreep in de hele gevelpartij en zouden het karakter van het plein aantasten. Er zijn demonstraties. Voor het eerst in Petersburg wint de volkswil, althans aanvankelijk. De gevels van de hotels Angleterre en Astoria worden toch aan elkaar gekoppeld. Angleterre hangt eigenlijk als een verloren onbeduidend aanhangsel tegen het meer robuuste Astoria aan.

In 1912 opent het hotel Astoria als onderdeel van een 'opfrissingsbeurt' voor de stad. De art nouveau-gevel op het heilige plein is met gemengde gevoelens ontvangen. De kunsthistoricus Georgi Loekomski schrijft: 'De gevels van het nieuwe hotel Astoria op het Isaacsplein zijn gebouwd naar een ontwerp van Lidval (een Zweedse architect die erg actief is in Petersburg) en afgewerkt met een Europese precisie, elegant, zonder in karikaturen te vervallen waarin onze eigen architecten zo sterk zijn. Je zou ze zelfs aantrekkelijk kunnen noemen, als dit hotel tenminste was gebouwd op een andere plek, waar het niet de nabijgelegen historische gebouwen zou storen op een van Petersburgs mooiste pleinen. Helaas, het algemene ontwerp is architectonisch niet erg imponerend (misschien voldoende geschikt als hotel) en daarom is kritiek op zijn plaats. Men had moeten streven naar een betere harmonie tussen het gebouw en het architectonische landschap waarin het staat. Het mansardedak, ofwel gebroken dak van het hotel, gezien vanaf de kathedraal, verpest de aanblik van het plein.'

Ondanks deze niet malse kritiek groeit het hotel uit tot 'the place to be'. Voorname dames en heren kijken de fotograaf aan op de elegante foto's uit 1912 in het gedenkboek dat kort na de heropening in 1994 verschijnt. Maar de grandeur van de eerste jaren is maar kort. Eerst de ineenstorting van de autocratie onder tsaar Nicolaas II en enkele maanden later de communistische revolutie doen het hotel geen goed. De latere leider van de witte garde in de burgeroorlog tegen de communisten, generaal Anton Denikin, bezoekt het hotel in maart van het turbulente jaar 1917. De generaal is behoorlijk uit zijn humeur als hij overal chaos aantreft: 'Ik heb Petrograd vier jaar niet gezien. De hoofdstad is gedompeld in een vreemd gevoel van verval... Te beginnen met het verwaarloosde hotel Astoria waar ik verbleef en waar, in de vestibule, een detachement van vulgaire, slecht gedisciplineerde matrozen rondhing.'

De generaal maakt niet mee hoe op 25 oktober van dat jaar rode gardisten het hotel bestormen en er de boel kort en klein slaan. Een revolutionaire commissaris neemt de leiding van het hotel over. Het doet dienst als kantoor voor de nieuwe leiders van de stad en mag ook de gasten huisvesten van het tweede congres van de Derde Internationale. Tijdens de Tweede Wereldoorlog is het een militair hospitaal. Niettemin heeft het hotel nog een internationale faam, want Hitler laat voorbereidingen treffen voor een groot feest en galadiner in Astoria als Leningrad eenmaal is ingenomen. Dat diner is er nooit gekomen. De blokkade van Leningrad van 1941 tot 1944 is een heroïsch verhaal uit de geschiedenis van de stad (zie hoofdstuk 7).

Nu staat het hotel weer te pronken. Dmitri heeft nog geen zicht op een betere toekomst als we elkaar ontmoeten. Hij wijst naar dat deel van de gevel in zijn oude vervallen staat waar het hotel Angleterre achter schuilgaat. Hij declameert:

'Gegroet mijn vriend, gegroet. In dit leven is sterven niets nieuws. Maar leven is natuurlijk ook niet nieuwer.'

Inmiddels gewend aan het vermogen van Russen uit hun rijke repertoire van klassieke dichtkunst te kunnen tappen kijk ik hem toch niet-begrijpend aan.

'Daar,' zegt hij, 'de tweede verdieping. Dat raam daar. Dat was kamer nummer vijf en daar schreef de dichter Sergej Jesenin deze woorden met zijn eigen bloed en hing zich daarna op. Dat was op 28 augustus 1925. Hij kwam speciaal naar Petersburg om zijn leven te beëindigen. In deze stad sta je dichterbij de dood dan overal elders in Rusland.'

Dmitri laat een plechtige stilte vallen. Dan krast hij plechtstatig: 'Maar weet u, het was geen zelfmoord. Het was moord!'

Alweer de dood, alweer een mysterie. Wie dreef de volksdichter tot de zelfdood of tot de dood? Schreef hij echt zijn dichtregels in bloed? Er is in de voorbije eeuw veel over geschreven. Je kunt je aderen niet opensnijden en het bloed zo reguleren dat het als inkt kan dienen, is één theorie. Een andere is dat er met opzet een mythe is geschapen rond de dichter, zoals er zoveel mythes zijn geweven in en rond deze stad. Hoe kun je eerst je polsen doorsnijden, vervolgens regels dichten en dan nog de kracht hebben jezelf op te hangen? Het geheim van kamer 5 zal nooit worden opgelost en het blijft een van de vele zonderlinge gebeurtenissen die Petersburg zijn bijzondere relatie met de dood geven.

Jesenin is een wonderkind van het Russische platteland. Hij wil de dichter van de boeren en het proletariaat zijn. Hij omhelst de revolutie van 1917, maar zoals zovele kunstenaars voelt hij zich later bedrogen. Hij reist met zijn derde vrouw, de danseres Isadora Duncan, naar Amerika maar is er niet gelukkig. Hij keert terug en begint alsnog Lenin te prijzen. Speelt hij dat? De geleerden zijn het er niet over eens. Vermoedelijk drijft hij de spot met het communistische experiment dat zoveel menselijk leed veroorzaakt. Zij die die lezing aanhangen steunen hun theorie onder meer op het onderstaande gedicht uit zijn laatste werken.

Wek niet de droom die reeds voorbij is
Laat met rust wat niet is uitgekomen
Met prematuur verlies en met vermoeienis
Heeft het leven me op de proef gesteld.
(Brief aan mijn moeder)

Jesenin eindigt als een klassieke Russische alcoholist, omgeven door mysteries verborgen in een hotelkamer waar gasten veelal onkundig van deze geschiedenis weer het hoofd neerleggen.

Een rilling loopt over mijn rug. Dmitri zegt: 'De dood, meneer de Hollander, dat is het kenmerk van deze stad. *Do svidanija*, gegroet.' Het regent niet meer, maar er staat een stevige bries uit zee die nog altijd zwarte wolken langs het poollicht jaagt. Petersburg is een stad van zwarte schaduwen deze nacht. Ik besluit dat dit het Petersburg is dat de menselijke ziel zo makkelijk kan voeden met depressies. Dmitri kuiert weg in de richting van de Mojka, ik ga in de tegenovergestelde richting naar de Neva.

Daar staat hij dan, Peter de Grote, de Bronzen Ruiter. Ook zijn paard steigert. In tegenstelling tot Nicolaas I die met zijn gezicht naar de Isaacskathedraal staat heeft Peter zich afgekeerd en hij kijkt uit over de Neva. Een slang kronkelt onder de paardenhoeven als een teken dat de hervormer zelfs zijn gladste tegenstanders wist te vermorzelen. Maar de slang leeft, zeggen sommige analisten die dit beeld uit en te na hebben bestudeerd, en dat is een teken dat de keizer weliswaar groot was, maar de Russische cultuur nog groter. De levende serpent is daarvan het bewijs. Het Russische karakter overleefde de Europese tsaar. Dit is een keizerlijk standbeeld, met zijn Romeinse mantel en lauwerkrans op het hoofd. De beeldhouwer Etienne Maurice Falconet maakt er een meesterwerk van dat de bezoeker al bij de eerste kennismaking fascineert. Falconet ontbreekt bij de onthulling. Hij ontvlucht Petersburg, achterna gezeten door geruchten over malversaties. Wat is nieuw in de geschiedenis van de stad?

Ik heb sinds de eerste keer op die druilerige zomeravond vaak voor Falconets schepping gestaan, soms met en soms zonder camera. Soms omringd door bruidjes die er hun feestelijke trouwdag beginnen. Altijd onder de indruk. Het duurt tot 57 jaar na Peters dood voordat het er komt in 1782.

De erfgenamen van zijn rijk maken er een potje van. Zijn vrouw Catharina I zuipt en voost na de dood van haar man met Jan en alleman twee jaar lang, totdat zij er letterlijk bij neervalt zonder aan regeren toe te komen. Tsaren volgen elkaar in snel tempo op: Peter II, Anna I, Anna II. Elizabeth II, de dochter van Peter, interesseert zich in elk geval voor kunst en architectuur. Zij verfraait Petersburg en aan haar dankt de wereld de voltooiing van de Hermitage, het Winterpaleis. Tsaar Peter III bakt er weer niet veel van. Pas bij het aantreden van Catharina de Grote in 1768 breken er weer nieuwe glorietijden aan voor Rusland en Petersburg. Zij neemt de teugels à la Peter de Grote in handen. Zij besluit dat er geen twijfel kan bestaan over de grootheid van de hervormer, die haar voorging. Zij geeft de opdracht voor het standbeeld.

Het rust op een 1.600 ton zware rots die uit de Finse Golf is getransporteerd om als sokkel te dienen. Het duurt twee jaar om de kolos naar deze plek te slepen en vervolgens duurt het nog eens twaalf jaar om dit grootse en meeslepende monument te voltooien. Het lijkt erop of de keizerin Peter in de geschiedenis wil verankeren. En zichzelf. Falconet maakt de volgende inscriptie op de rots: 'Voor Peter de Eerste, opgericht door Catharina de Tweede'. De keizerin corrigeert de tekst eigenhandig: 'Voor Peter de Eerste van Catharina de Tweede'. Zo verbond zij volgens geschiedschrijvers zichzelf nauwer aan Ruslands grootste tsaar, als diens directe legitieme opvolger.

Peter is omstreden. Al in de achttiende eeuw zijn er kampen die hem bewieroken als een verlichter, maar er zijn minstens zoveel historici die hem nawijzen als een verrader van zijn volk en cultuur. Een verlichter die heilig gelooft in de autocratie. Zijn relatie met God is ook bijzonder. Hij lapt diens geboden aan zijn laars, maar de erediensten volgt hij nauwgezet. Dat dualisme over zijn erfenis duurt voort tot op de dag van vandaag.

Maar overal waar deze gigant zijn voet heeft neergezet loert de dood. Ook hier waar zijn bronzen voeten de stijgbeugels drukken vloeit bloed. In 1825 grijpt een groep officieren de onverwachte dood van Aleksander I aan om een nieuwe impuls te geven aan de hervormingen in het weer hopeloos achteruit sukkelende Rusland. De officieren onder aanvoering van Sergej Troebetskoj hebben de veranderingen in Europa gezien. De oorlog tegen Napoleon stort een golf van vaderlandsliefde over het land uit. Maar de legers van de tsaar waren in Europa en vooral de officieren beseffen dat daar het leven toch anders is. Parijs hebben de officieren gezien en dat is andere koek dan Petersburg.

De officieren willen verhinderen dat de conservatieven Nicolaas I op de troon helpen. Ze gaan het gevecht aan voor een constitutionele monarchie met Konstantin, de tweede kleinzoon van Catharina II, als inzet. Op de dag van de kroning van Nicolaas, 14 december 1925, organiseren de officieren hun verzet op dit plein voor het gebouw van de Senaat op de hoek van het Isaacsplein en de Engelse Kade aan de Neva. Nauwelijks gekroond geeft Nicolaas de opdracht aan de hem getrouwe troepen de officieren te omsingelen en af te maken. Ze doen dat volgens de ware tradities van Peter de Grote die deze slachting van honderden opstandelingen aan zijn voeten met goedkeuring moet hebben gadegeslagen.

De leiders van de opstand zijn gefolterd, opgehangen en onthoofd. Tsaar Nicolaas vertoont trekjes die wel meer telgen uit het Romanovgeslacht hebben. Hij vindt het leuk om met de dood te spelen. Honderden veroordeelden van de opstand laat hij aantreden voor het vuurpeloton. Op het laatste moment klinkt in plaats van het salvo uit de geweren een oekaze van de tsaar dat hun doodstraf is omgezet in levenslange verbanning naar Siberië.

Aleksandr Poesjkin, Ruslands gevierde dichter, ontspringt

de dans. Hij verliest vrienden in de slachting en hij staat sympathiek tegenover de liberale ideeën. Maar de dichter is een plooibaar mens. Acht jaar later schrijft hij een vlammende ode aan de bronzen ruiter, een ode aan de autocraat. Poesjkin laat zich inspireren door de woeste overstroming die Petersburg enige jaren eerder voor de zoveelste keer met de ondergang bedreigt.

> O schone stad van Peter, sta
> Als Rusland eeuwig en onwrikbaar
> Getemde krachten der natuur
> Zij zullen zich naar jou wel schikken;
> Mogen de Finse golven dan
> Hun strijd met Peter liefst vergeten
> En nimmer met hun zinloos woeden
> Hem storen in zijn eeuw'ge slaap!

Poesjkins gedicht is lang een onderwerp van studie sinds het is verschenen in 1833. Waar liggen de dubbele bodems in zijn werk? Hij lijkt tsaar Peter te eren, maar tegelijkertijd neemt hij het op voor de zo vaak vernederde inwoners van zijn stad. De dichter is lang niet de laatste die zich buigt over het fenomeen Petersburg en zijn schepper. De analyses leiden bijna zonder uitzondering tot somberheid. De schrijver Nikolaj Gogol noemt zijn stad een virtueel koninkrijk van de dood: 'Waar alles nat is, glad, vlak, bleek, grijs en mistig.' De grote meester Fjodor Dostojevski maakt je niet vrolijker als hij het heeft over 'die verrotte, glibberige stad'.

Tsaar Peter moet zijn burgers met geweld naar zijn schepping drijven. 'Mijn paradijs' noemt hij steevast deze natte plek, in contrast met het latere oordeel van Ruslands grootste schrijvers.

Meer dan drie eeuwen later is de animo om hier te wonen nog niet groot. President Poetin wil zijn geboortestad weer meer betrekken bij het bestuur van dit immense land. Overheidsinstituten moeten verhuizen naar de oevers van de Neva.

De eerste slachtoffers zijn de rechters en hun staf van het constitutionele hof.

Ze hebben zich acht jaar lang verzet tegen het plan te verhuizen. Ze voeren het ene na het andere argument aan, maar in een autoritair geregeerde staat heeft het staatshoofd het laatste woord. Wat dat betreft is er niet veel veranderd in Rusland. De rechters hebben een prachtig uitzicht op het eens in bloed gedrenkte Plein van de Dekabristen. Het Senaatsgebouw is hun zetel. Niet alleen het plein maar ook Peter op zijn steigerende paard zal de rechters, als zij uit het raam kijken, inspireren Ruslands grondwet te eerbiedigen en op zijn naleving toe te zien. De rechters zijn een voorhoede van meer overheidsdienaren die zullen volgen. Ook Poetins opvolger, Dmitri Medvedev, komt uit Petersburg. Hij is niet van plan het verhuisbeleid te wijzigen.

Betekent dit de redding van de stad?

De Peter- en Paulsvesting, waar het allemaal begon, steekt tijdens mijn eerste nacht af als een onaantastbaar silhouet tegen de donkere lucht. Over het water van de Neva komen de kreten van de slachtoffers van martelingen je tegemoet. Tsaar Peter schept er een genoegen in zijn tegenstanders of simpel zij die zijn toorn oproepen te martelen in de cellen van het fort. Zijn eigen zoon Aleksej is er geradbraakt en met de knoet van zijn vader bewerkt tot hij in 1718 bezwijkt. Van Peters voorgangers komt alleen Ivan de Verschrikkelijke er toe zijn zoon te vermoorden. Dat was in 1581. In anderhalve eeuw zijn de tsaren niet echt geciviliseerder geraakt.

Aleksej is in twee zaken de evenknie van zijn vader; drank en vrouwen. Voor het overige is hij de speelbal van de vrome orthodoxe Moskouse meute die snakkend uitziet naar de dag dat zij van tsaar Peter zijn verlost. Aleksej verlangt niet minder naar dat moment. Zeven jaar voor zijn dood droomt hij in een half dronken bui van zijn eigen troonsbestijging: 'Als het eenmaal zover is, zullen de vrienden van mijn vader en mijn schoonmoeder kennismaken met de piek... De vloot zal worden verbrand en Sint Petersburg zal wegzinken in het moeras.'

Daarvoor had tsaar Peter eigenhandig tientallen volgelingen van zijn zoon naar het schavot gesleept. De priester Dosifej roept voordat zijn hoofd eraf gaat tegen de tsaar: 'Als je je zoon ter dood brengt, zal zijn bloed jou treffen en je nageslacht van vader op zoon, tot de laatste tsaar! Genade voor je zoon! Genade voor Rusland!'

De geweldenaar lacht al de rampspoeden weg. Hij bouwt zijn eerste huisje in Hollandse stijl van vierkante houtenbalken in drie dagen op het Petrogradski-eiland waar hij aanvankelijk het hart van zijn nieuwe stad in zijn hoofd heeft.

Het is een huisje van niks. Het nageslacht heeft het bewaard als een relikwie. De tsaar stelt zich tevreden met een onderkomen van 12 meter lang, 5,5 meter breed en 2,72 meter hoog. De Neva stroomt bijna onder zijn raam. Er is nu een ruime kade en een betonnen waterkering die het huisje beschermt tegen de onbetrouwbare rivier. Maar dan nog, zelfs in 1971 loopt het huisje onderwater bij de zoveelste overstroming die de stad treft.

De tsaar ziet de ene na de andere watersnoodramp uit zijn raam zijn 'paradijs' bestormen. Hij blijft de rust zelve. In 1706 ziet hij hoe van zijn strategische plek af drenkelingen na een storm op wrakstukken worden meegesleurd door de rivier. 'Dat is heel leuk,' schrijft hij in een briefje aan zijn vazal prins Aleksandr Mensjikov. Het huisje is meer een legende dan werkelijkheid. De tsaar heeft er nauwelijks gewoond, maar zijn opvolgers gebruiken het minuscule huisje om hun grote voorbeeld heilig te verklaren.

Ze bouwen er een stenen sarcofaag om heen zodat het tot op de dag van vandaag bewaard is gebleven. Er komt zelfs een kapel in. Men kan er bidden in het aanschijn van de geliefdste iconen van de tsaar. De communisten maken in 1929 een einde aan deze cult. Het huisje staat er nu slechts als een monumentje. Als je niet weet dat het bestaat vind je het niet. Er is ook werkelijk niets te zien. Er ligt een zeilbootje dat volgens de overlevering door tsaar Peter zelf is gebouwd.

In november 1721, de tsaar woont dan al in zijn zomerpaleis recht tegenover zijn eerste huisje waar de Fontanka de Neva in stroomt, is de situatie kritiek. Een springvloed en een razende storm vagen de stad bijna weg. 'Duurt de storm twee uur langer dan is er geen Petersburg meer,' schrijven buitenlandse ambassadeurs in hun journalen. Als de storm is gaan liggen hebben de bewoners geen andere keuze dan de schade te herstellen. Hun tsaar weet van geen wijken. Orthodoxe gelovigen worden steeds meer gesterkt in hun overtuiging dat de poging van Petersburg de orthodoxe burcht Moskou naar de kroon te steken de woede van God heeft opgewekt. Zelfs in Peters eigen kerk, de eerste die hij laat bouwen niet ver van de Peter- en Paulsvesting, de kerk van de Heilige Drievuldigheid, lijken na de rampspoed van 1721 geesten rond te waren die de gelovigen voorhouden dat 'Petersburg zal verworden tot een woestenij'.

Maar Petersburg is er nog. De kerk van de Heilige Drievuldigheid niet meer. Op het gelijknamige plein denkt Peter aanvankelijk het centrum van zijn nieuwe stad te bouwen. Het blijkt niet de geschiktste plek. Hij rent nogal vaak naar de kerk om overwinningen te vieren. Hij roept er zichzelf uit tot Peter de Grote, vader des vaderlands, keizer van alle Russen. Hij geeft er menigmaal het startsein voor een van zijn kolderieke parades die altijd eindigen in dagenlange drinkgelagen.

De kerk is een aantal keren door brand verwoest, maar steeds weer opgebouwd. Was het een teken Gods, al die branden? In 1928 sluiten de communisten de kerk. Het plein krijgt de naam 'Plein van de Revolutie'. Een klassieke orthodoxe kerk past niet op zo'n plein. In 1930 komt de sloper er aan te pas om het godshuis, waar Peter zijn vaandels stalde die herinneren aan al zijn grote overwinningen, weg te vagen.

Na de omwenteling van 1991 krijgt het plein zijn naam Heilige Drievuldigheidsplein terug. Tijdens de viering van het 300-jarig bestaan van Petersburg in 2003 verschijnt er een marmeren kapel op het plein die herinnert aan Peters geliefde kerk. De viering van het jubileum wordt voorafgegaan door een stroom van honderden miljoenen dollars, die de stad een opknapbeurt moet geven. Een bouwonderneming die kenne-lijk veel heeft verdiend aan de jubileumbouw zet het kapelle-tje neer als een geschenk aan de stad.

Als ik voor het eerst op het plein sta tijdens die donkere witte nacht van 1990 is er niets dat herinnert aan de plek waar tsaar Peter zijn bijzondere band opbouwde met God. Een relatie die Petersburg wellicht heeft behoed voor de on-dergang. Het kapelletje van nu lijkt te nietig om de hemel ertoe te bewegen Peters paradijs een eeuwige bescherming te geven. Bovendien is er niemand meer in Petersburg met de goddelijke postuur van tsaar Peter, die kan bogen op een di-recte relatie met God.

Een Petersburgse droom

Hoofdstuk 2

Het Palmyra van het noorden

'Een mens zoekt zijn eigen geboorteplek niet uit. Toch? Ja, ik ben hier geboren en opgegroeid. Het is een bende, maar we zijn er aan gewend.'

Angela Gambajan is onderwijzeres. Ze heeft een mooi gezicht, maar met de intens trieste uitdrukking die zij met haar bloedverwanten in Armenië deelt. 'Vader was Russisch, moeder Armeens,' zegt ze. Angela veegt het vuil op een hoop op een binnenplaatsje aan de Gribojedovgracht. Ze veegt omdat ze een fikse schuld heeft opgebouwd bij de gemeente vanwege het niet betalen voor wat elke Rus kent als ZjKCh, ofwel de servicekosten voor het huis waarin zij woont. De gemeente heeft vele klanten als Angela. Ze mogen hun schuld wegvegen. Petersburg hoopt zo twee vliegen in een klap te vangen: én schuld innen én er een schone stad voor terug krijgen. Helaas zijn er maar weinig Angela's bereid hun schuld weg te poetsen. De binnenplaatsen van Petersburg blijven een gore bende. 'Als alleenstaande vrouw met twee kinderen kan ik van mijn onderwijzerssalarisje nauwelijks rondkomen. Ik doe dit werk na schooltijd.'

Ik ga met de camera langs de plekken die een rol hebben gespeeld in het leven van schrijver Fjodor Michajlovitsj Dostojevski (1821-1881). Zijn romans *De idioot*, *De gebroeders Karamazov*, *Aantekeningen uit het ondergrondse*, *Een kleine held*, *De dubbelganger*, *Boze geesten* en vele andere zijn allemaal in een Nederlandse vertaling te lezen. Ze zijn nog steeds mondiaal onderwerp van studie in Dostojevskigenootschappen. Ik probeer mensen te verleiden een citaat uit het werk van de meester-schrijver te lezen en hun gedachten er over te laten gaan. Dostojevski komt juist op de binnenplaatsen van Angela tot leven.

Angela leest: uit *Misdaad en straf*:

'Buiten op straat was het vreselijk benauwd en druk, overal kalk, steigers, bakstenen, stof, die specifieke zomerse stank die iedere Petersburger zo goed kent.'

Ze zegt: 'Natuurlijk ken ik deze regels uit *Misdaad en straf*. De woorden zijn nog steeds actueel. Die zomerse geur verdwijnt nooit en die draag je je hele leven mee.'

Vera Volkova sluit zich aan bij ons groepje op de binnenplaats. Ik heb ook voor haar een citaat:

'Waarom neigen mensen in alle grote steden er toch steeds toe zich te vestigen in die delen van de stad, waar tuinen en fonteinen ontbreken, waar vuil is en stank en allerlei troep?'

Vera zucht: 'Het is een nachtmerrie. De toeristen zien de prachtige paleizen en de musea en wij zitten in de verborgen ellende. Kijk eens naar het asfalt hier. Kapot. Je kunt hier elk moment in een gat vallen. Maar toch woon ik liever in deze Dostojevskiaanse omgeving dan in een blokkendoos in de buitenwijken van de stad. Dit is ons lot. We leven met de cultuur en helaas hoort deze vuilnisbelt daar bij.'

Alles klinkt hol op deze binnenplaats. Is deze stad wel voor mensen geschapen? Vera is een Dostojevskifan. Ze citeert de schrijver uit haar hoofd: 'Het is een buitengewoon noodlot om in Petersburg te leven. Alles is hier vulgair en zo gewoon dat het grenst aan het fantastische. Zelfs het klimaat draagt daar aan bij.'

Vera en wij worden op onze wenken bediend. Een man komt een trappenhuis uitlopen. Hij schreeuwt ons toe: 'Jongens, luister naar me! Hier schiep Dostojevski zijn romanfiguur Rodion Romanovitsj Raskolnikov... Noteer dat!' Hij lijkt zelf zo weggelopen uit een van Dostojevski's werken. Een toonbeeld van de vreemde invloeden die Piter op zijn bewoners heeft? De man stelt zich niet voor. Hij declameert:

In cafés en in straatjes en stegen
In elektrische dromen ontwaakt
Zocht ik eindeloos prachtige wezens
Die onsterflijk verliefd zijn op faam.

'Wie was er groter dan Dostojevski? Blok, meneer de buitenlander! Blok! Stel je voor! Aleksandr Aleksandrovitsj Blok
liep hier langs deze binnenplaats soms vele malen per dag.'
Later legt een Blokkenner mij uit dat dit de decadentste regels zijn die de beroemde dichter (1880-1921) ooit heeft gedicht. In zijn jaren waren de regels vergelijkbaar met een hedendaagse hit, een popsong uit de negentiende eeuw. En weer
galmt onze onbekende vriend, de armen gespreid, terwijl zijn
woorden weerkaatsen op het kleine plaatsje tegen de hoog
oplopende gevels:

Nacht, straten, apotheek, lantaarn.
Een zinloos schijnsel in de mist.
Al leef je nog eens twintig jaren.
Geen uitweg alles is beslist.

Je sterft en wordt opnieuw geboren.
Alles herhaalt zich vroeg of laat.
Rimpels in het kanaal bevroren.
Nacht, apotheek, lantaarn, straat.

(Vertaling Marja Wiebes, Margriet Berg; dit gedicht is in Nederland in het Russisch te lezen op een muur in de Thorbec-
kestraat in Leiden, sinds 1993).

De man, de grijze haren piekend langs zijn magere gezicht,
zwijgt na zijn voordracht. Hij voegt mij na een stilte toe:
'Blok, meneer, en die bevroren rimpels in het kanaal, dat is
onze Gribojedovgracht. En u bent op zoek naar Dostojevski!
Blok is Petersburg, mijn beste vriend.'
Hij zwaait nog achteloos als hij door de lage arcade de

plaats verlaat en rechtsaf slaat, de gracht op. Dit is Petersburg ten voeten uit. Hier leeft Dostojevski's romanfiguur. Vlabij is het Sennaja Plosjtsjad (het Hooiplein) en dit hier heet officieel de Grazjdanskaja oelitsa (de Burgerstraat), nummer 19. Zoals de schrijver in zijn boek aangeeft moet de moordenaar, Raskolnikov, 730 stappen zetten tot de woning van zijn slachtoffer. De bezoeker kan het vandaag nog altijd natellen.

Tegenstanders van Dostojevski verwijten hem dat hij zijn eigen mythes over Petersburg heeft geschapen. Maar andere literatuurcritici beweren juist dat hij de stad in zulk een detail heeft beschreven dat het literaire Petersburg van Dostojevski een natuurgetrouwe kopie is van de echte stad. Vera zegt als we afscheid nemen: 'Weet u, Piter lijkt op een vrouw die prachtige lipstick op heeft, maar met het vuil dik achter de oren.'

Petersburg is de geboortegrond van de Russische dichtkunst en literatuur. Blok, Ruslands superromanticus en Dostojevski, de man die zijn eigen droevige leven (lijdend aan epilepsie, drankzucht en gokverslaving), spiegelde aan zijn romanfiguren. *Misdaad en straf* is het absurde verhaal van een jonge student, Raskolnikov, die een woekeraarster met een bijl van het leven berooft en ook en passant haar zuster. De perfecte moord blijkt een klunzige affaire die een slimme inspecteur weet op te lossen. De moordenaar zit zijn straf uit in Siberië en keert herboren naar Petersburg terug, waar zijn liefde voor het hoertje Sonja nog altijd levend is. Wat betreft de Siberische kant van het verhaal kan de schrijver putten uit zijn eigen ervaringen. De schrijver gaat geen detail van de ontberingen die hij zelf heeft moeten doorstaan uit de weg.

Dit alles speelt zich af in het decor van een Petersburg waar de dood onbarmhartig overal sporen achterlaat. Dostojevski is er door aangeraakt. In 1848 roepen de Fransen opnieuw de republiek uit. Tsaar Nicolaas I krijgt het op zijn zenuwen. Hij ziet ook in zijn rijk overal republikeinse samenzweerders. Dostojevski behoort tot een club van extravagante kunstenaars die op hun wijze een revolutie in de samenleving teweeg willen brengen met vooral 'afwijkend en ludiek gedrag'. Dostojevski en vierendertig samenzweerders verdwijnen op 22 april 1849 in de cellen van de Peter- en Paulsvesting. Ze krijgen allemaal de doodstraf. Tsaar Nicolaas maakt van de executie een spektakel. Op het Semjonovplein waar nu het Vitebskstation ligt laat hij een groot schavot oprichten.

Dostojevski en zijn lotgenoten worden met veel fanfare naar de executieplaats gebracht. Dostojevski kan niet geloven dat dit de laatste minuten van zijn leven zijn. 'Ik kan het niet geloven, ik begrijp het niet, toen de priester... een kruis... ze maken geen grap met het kruis. Ik heb het kruis gekust. Het bevel luidt: Trek de kap over hun hoofden. Tromgeroffel. Ik hoor de geweren grendelen. En dan tromgeroffel en weer een bevel: Stap terug. Een generaal leest een decreet voor van Nicolaas: de doodstraf is omgezet in dwangarbeid in Siberië.'

Dostojevski vergeeft het de tsaar nooit. 'Waarom een dergelijke wanvertoning, het is zo lelijk, zo onnodig, zinloos!' schrijft hij. De schrijver slijt zijn jaren in Omsk tot tsaar Alexander II hem gratie verleent en hij terugkeert naar Petersburg. De dood als keizerlijke grap. De geschiedenis van de stad kent vele van deze wrange grappen. Dezelfde tsaar Nicolaas haalt dit grapje ook uit met vele van de dekabristen die in 1825 in opstand komen.

Literatuur, poëzie, het zijn de ingrediënten van het leven in een stad die zijn bewoners blijft tarten met het bizarre verloop van zijn geschiedenis. Ik ben al een aantal keren naar het huis op de hoek geweest, Dostojevski's laatste huis. Op een vreemde manier word je er iedere keer naartoe getrokken. De laatste jaren wijst het spoor zich vanzelf. Dostojevski's naam is verbonden aan het metrostation dat bovengronds uitkomt bij de Vladimir Prospekt. Op de onoverzichtelijke kruising van een aantal brede boulevards is in 1997 ook een standbeeld gekomen. De schrijver zit wat mistroostig naar de grond te staren. Er ligt altijd wel een bloemetje aan zijn voeten.

De communisten wisten niet goed raad met Dostojevski,

maar nu is hij weer helemaal terug. De hele stad hangt vol met herdenkingsplaquettes, op elke plaats waar hij vermoedelijk heeft gezeten of waar een van zijn werken het licht heeft gezien. In het huis op de hoek op 250 meter van zijn standbeeld schiep hij in elk geval *De gebroeders Karamazov*. Het huis aan de Koeznetski Pereoelok (de Smedenzijstraat) nummer 5 vertelt je aan de buitenkant dat er sinds de dood van de schrijver op 28 januari 1881 om 8.36 uur in de ochtend geen opknapbeurt meer heeft plaatsgevonden. Datzelfde geldt voor de hele buurt. Er is 127 jaar achterstallig onderhoud als ik er voor de laatste keer kom in het voorjaar van 2008. De aanblik brengt je wel in de juiste stemming als je de treden afdaalt naar het souterrain van het Dostojevskimuseum.

Binnen hangt de warme sfeer van de bewondering. De dames die het museum beheren zijn eigenlijk familie van de man die zij eerbiedig aanspreken met Fjodor Michajlovitsj. Ze werken hier bijna zonder uitzondering sinds de opening van het museum op de 150e geboortedag van de schrijver in november 1971. Dat is een hele gebeurtenis in die jaren. Het appartement op de tweede etage, met de bronzen plaquette met de naam van de schrijver aan de deur, groeit uit tot een bedevaartsoord. Maar de zonderlinge boeken van de auteur, die op een bijna religieuze manier voortdurend op zoek is naar het goede en het kwade in de mens, raken in de vergetelheid in de jaren negentig. De crisis in Rusland op ieder terrein treft ook Dostojevski. Bezoekers blijven weg. Vooral jongeren hebben wel wat anders aan het hoofd. Ze ontdekken de wereld via internet en zij groeien op met beeldschermen waar onophoudelijk hun muziek dreunt of die hun vermaak bieden waarbij de hersens op nul kunnen worden gezet.

'Maar,' zegt Lena Borisova, 'je ziet dat het beter gaat in het land. Op de scholen moeten ze weer de klassieken lezen en de verloren generatie van de jaren negentig is toch op zoek gegaan naar de diepere waarden van de Russische cultuur en dan kom je natuurlijk bij onze Fjodor Michajlovitsj terecht. Hadden we een paar jaar geleden misschien een paar honderd bezoekers per maand, nu rekenen we alweer in de duizenden en onze speciale evenementen trekken steeds meer bezoekers. Fjodor Michajlovitsj is terug in de gedachten van de mensen.' Het lijden in de voorbije slappe tijden is nog van haar gezicht te lezen.

Ik mag aansluiten bij de schoolklas die zij door haar nogal angstaanjagend grote bril aankijkt. Ze heeft de wind er onder. Lena Borisova roept de klas meteen tot de orde. 'In het huis van Fjodor Michajlovitsj gedragen wij ons,' zegt ze pinnig. 'En jullie mobiele telefoons moeten uit.'

De kinderen, tieners van een jaar of zestien krijgen van Lena Borisova niet alles te horen. Haar taak is de kinderen vooral liefde en bewondering bij te brengen voor de grote schrijver. Hij is geniaal en ook nog een unieke vader voor het gezin, een Russische patriot en, nog belangrijker, hij is een Petersburger. De schrijver woont hier met zijn laatste vrouw Anna Grigorjevna. Als ze trouwen in 1867 is Anna een stenografiste van twintig jaar die voor de dan 46-jarige schrijver driftig en in hoog tempo zijn teksten uitwerkt. De productie moet hoog zijn, want de schuldeisers brengen het gezin voortdurend in het nauw.

Dat deel van het familieleven houdt Lena Borisova voor zichzelf. De rare hoge hoed van de schrijver in de vestibule heeft de belangstelling. 'Fjodor Michajlovitsj kleedde zich als een heer.'

En daar ligt warempel de bijbel die hij tijdens zijn verbanning naar Siberië als geschenk heeft gekregen van de vrouwen van de dekabristen die met hun echtgenoten meereisden naar hun verbanningsoorden. Het gezin raadpleegt de bijbel regelmatig en de schrijver deed dat tot op zijn sterfbed, weet Lena Borisova.

Anna verlaat dit appartement in 1917, zesendertig jaar na de dood van haar man, Ze sterft een jaar later in eenzaamheid aan de Zwarte Zee. Voordat zij de deur achter zich dicht trekt in de Smedenzijstraat heeft zij alle spullen laten opslaan, maar de hele inboedel is in de woelige jaren van na de revolutie verloren gegaan. Alles wat de schoolkinderen te zien krijgen is wel oud, maar niet origineel. Hij schrijft dus niet achter dit prachtige bureau met het biljartlaken groene blad zijn laatste roman *De gebroeders Karamazov*, maar wel aan zo'n soort bureau. Sommige dingen zijn bewaard gebleven dankzij zijn kinderen. Dochter Anna hield haar hele leven vast aan de tabaksdoos waar zij als kind op schreef: '28 januari 1881. Papa is gestorven om kwart voor negen.' De tabaksdoos ligt er nu op tafel. Lena Borisova doet ook uitvoerig uit de doeken dat de grote schrijver voornamelijk 's nachts werkt en dat hij dan thee drinkt. Heel veel thee. 'Niemand mag de samovar voor hem aanmaken, noch de thee klaarmaken. Dat doet Fjodor Michajlovitsj zelf. Hij vindt dat er niemand in de wereld is die zo goed thee kan zetten als hijzelf.' De kinderen schrijven het braaf op, want er moet straks op school natuurlijk een verslag worden gemaakt van dit bezoek.

Aan het slot van de excursie wil Lena Borisova het nog over twee dringende zaken hebben.

'Jullie willen natuurlijk weten of Fjodor Michajlovitsj van Petersburg heeft gehouden?'

'Hij vond het vreselijk hier,' kraait de schoolklas in koor.

'Nee,' zegt Lena Borisova, 'nee, en nog eens nee. Fjodor Michajlovitsj vindt het zelfs misdadig dat er op deze plek een stad is gebouwd. Maar hij houdt van de Petersburgers en dat is overal in zijn boeken terug te vinden.'

Is dat waar? Ik meen me te herinneren dat de schrijver ooit verslag deed van zijn bezoek aan Berlijn. Hij was een Rus behept met de traditionele argwaan tegenover het Westen die onuitroeibaar is. Hij vond al de steden die hij aandeed op zijn grote Europese reis van tweeënhalve maand maar niks. 'Berlijn lijkt als twee druppels water op Petersburg. Dezelfde gekunstelde straten, dezelfde geuren... Was het het wel waard mijzelf twee dagen lang in een treinwagon te zetten om uiteindelijk hetzelfde te zien als wat ik ben ontvlucht?' Parijs is in zijn ogen een uitermate saaie stad. 'Natuurlijk zijn er veel mooie dingen te zien, als dat niet zo was zou je er kunnen sterven van verveling.'

Verveling is in Petersburg ondenkbaar.

'Nog vragen?' hoor ik Lena Borisova zeggen. Een jongeman wil weten of er nog familieleden van de schrijver leven. Met een knipoog naar mij zegt zij: 'Ja, Dmitri Dostojevski. Hij is een achterachterkleinzoon. Hij is zijn hele leven chauffeur van een trolleybus geweest in Petersburg. Hij is nu met pensioen. Iedere westerse journalist op bezoek in Petersburg interviewt hem. Hij heeft een zoon Aljosja. Ik heb hem laatst gesproken en hij schijnt iets van het talent van zijn voorvader te hebben. Hij wil zich op schrijven gaan toeleggen. Wie weet horen we nog van hem.'

Er wacht Lena Borisova alweer een nieuwe schoolklas. 'Wilt u Dmitri, de achterachterkleinzoon van onze grote schrijver niet ontmoeten?' vraagt ze mij. 'Ik kan hem bellen. U geeft hem een kleinigheid, want hij kan wel wat gebruiken. U kent onze pensioenen.' Nee, dank u. Ik ken zijn verhaal. Pieter Waterdrinker heeft het opgeschreven in zijn *Montagne Russe*. Een van de weinige overeenkomsten met zijn illustere betovergrootvader is dat hij ook een kettingroker is, begrijp ik uit dat verhaal.

Ik stap uit de warme sfeer van het hoekhuis in de Smedenzijstraat, maar ik wil niet weg uit deze buurt. Je wegrukken uit de levenssfeer van een unieke schrijver en unieke Rus kost moeite. Blijven hangen in zijn sfeer betekent Petersburg opsnuiven. Dostojevski houdt van vers brood, dat hij gaat halen op de Nevski Prospekt bij de Franse bakker met de Duitse naam Wolf. In het moderne Petersburg is de belangstelling voor brood terug. Balt Chleb (Baltisch brood) heeft vele uitspanningen in de stad waar je lekkerbekkend voor de vitrine kan staan. Ik nestel me met een goed gevuld broodje en een kop koffie bij het raam van Balt Chleb vlakbij het metrostation Dostojevskaja.

Ziet de schrijver hier al die vreemde gezichten die hem het gevoel geven voortdurend in een poppentheater rond te stappen? 'Iemand laat de poppen dansen, gezichten trekken en de figuur die aan de touwtjes trekt, zodat de poppen hun kunsten kunnen vertonen, lacht zich intussen een bult. Ik word in deze stad voortdurend voor de gek gehouden,' weet de schrijver. Ik kijk door het raam. Ik zie dat dit een verzamelpunt is van daklozen. Door de drank verminkte gezichten met aardappelneuzen bedelen bij het metrostation. Maar het contrast is groot als in dit decor de prachtigste vrouwen als elegante pronkstukken door mijn beeld schuiven. Ze vertellen je dat schoonheid in Petersburg op iedere straathoek is.

's Avonds vertel ik een Petersburgse vriendin van mijn bezoek aan het huis op de hoek. Ze zegt: 'O nee, ik heb er nooit een voet gezet. Als zestienjarig kind moest ik Dostojevski lezen en daarna heb ik hem nooit meer aangeraakt. Elk boek trok me mee in een diepe depressie. Misschien zou ik hem nu anders lezen, maar ik neem het risico niet. De associatie die Dostojevski legt met Petersburg zou ik denk ik niet aan kunnen. Ook nu niet. Het werkelijke beeld is wellicht dat dit een stad is van gekken en dwazen, maar het is wel mijn stad.'

Een stad waarop ze moppert. Ze is net als zovele andere Petersburgers voortdurend bezig weg te gaan, maar ze keert altijd weer terug naar het moeras aan de Neva. Dostojevski vormde op die Petersburgse eigenschap geen uitzondering.

Aleksandr Blok en Dostojevski doen op één dag is misschien te veel van het goede, maar je blijft wel in dezelfde sfeer der Petersburgse letteren. Om Blok te vinden moet je helemaal naar het eind van de lange oelitsa Dekabristov. Het is de centrale boulevard die de wijk Kolomna doorsnijdt, die tegen het einde van de negentiende eeuw is uitgegroeid tot een wijk met theaters. Vooral de burgers in goeden doen vestigen zich er. Het is het hoekhuis aan het eind van de straat op nummer 57 waar de dichter zijn laatste levensjaren slijt. Het pand waarin het appartement van de schrijver is gevestigd schreeuwt wederom om een opknapbeurt.

De hal is zo donker dat menigeen, net als ik, naar binnen is gestruikeld, want niets of niemand waarschuwt je voor het afstapje meteen achter de deur. Ook hier hetzelfde type dames als in het Dostojevskihuis. De toewijding aan hun onderwerp is van het gezicht te lezen. Hier is het Vera Aleksandrovna die zich over mij ontfermt. Ik stel haar een paar vragen die verraden dat ik mijn huiswerk heb gedaan. Dat schept een band. We gaan nu door de twee appartementen als familieleden van de overleden held.

De dichter is geboren een jaar voordat Dostojevski sterft. De grote schrijver blaast de laatste adem uit als hij nog vrij jong is, 59 jaar, maar hij heeft het leven wel drie keer geleefd. Aleksandr Aleksandrovitsj sterft nauwelijks 40 jaar oud op 7 augustus 1921. Vera Aleksandrovna weet waarom hij zo vroeg aan zijn einde kwam: 'Een dichter heeft lucht nodig. Vrije lucht. Aleksandr Aleksandrovitsj heeft zich voortdurend laten leiden door het leven dat hij geheel kon opsnuiven. Dat was voor hem niet meer mogelijk na de revolutie. Er is natuurlijk een medische oorzaak voor zijn sterven. Ziet u, hier ligt het originele doktersattest, maar zelfs daarin maken de artsen melding van de rol die de psychische nood heeft gespeeld bij zijn heengaan op zo'n jonge leeftijd.'

Blok behoort tot de symbolisten, een kunsttrend die zich in Petersburg in Bloks jaren heeft gevestigd. De dichter krijgt al op 24-jarige leeftijd erkenning. In die eerste jaren is het vooral de liefde die hem inspireert. Vrouwen vallen als bij bosjes voor hem. De zoon van een arts met een Duitse familiestamboom en een moeder met Russisch adellijk bloed beweegt zich als op een wolk door het leven in Petersburg. Hij is het onderwerp van geroddel, maar zijn leven blijft voor de buitenwereld gesloten. Hij lijkt in een andere wereld te leven. Hij is een wandelende legende. Dagboekschrijfsters vermelden dat ze 'hem hebben gezien'. Het is niet zijn gewoonte iemand op straat te groeten. Mannen en vrouwen proberen zijn nasale stem na te bootsen die is te horen als de dichter voordraagt uit eigen werk. 'Hij leest zo monotoon, dat het fascinerend is om naar te luisteren. Elk woord krijgt uit zijn mond pas de ware betekenis,' schrijft een bewonderaarster in haar dagboek.

'Kijkt u hier eens uit het raam. Dit was zijn uitzicht,' zegt Vera Aleksandrovna. We kijken nu op de kranen van een scheepswerf. 'Nee, die was er nog niet. Dat moet u wegdenken. Alleen in de verte waren er wat fabriekspijpen. Dit was bijna de rand van de stad. Het riviertje is de Prjazjka. Ziet u de brug? Daar staan ze.' Wie 'ze'?

'De dames die verliefd op hem zijn. Ze staan op de brug in de hoop een glimp van Aleksandr Aleksandrovitsj op te vangen.'

Ze staan er nog wel eens. De bewonderaars die zich meer willen verdiepen in zijn gedichten gaan nog altijd naar de brug om inspiratie te krijgen of de sfeer op te roepen die hen dichter bij de woorden van de dichter brengt.

Als ik naar het portret van Blok kijk kan ik me die klank van zijn stem er wel bij voorstellen. Is hij knap? Het gezicht lijkt wel een masker. Vera Aleksandrovna: 'Op foto's lijkt hij inderdaad een masker. Zijn gezicht is meer geschikt voor een beeld.' Dat ontbreekt nog in de buurt van zijn huis.

Het gedicht 'Nacht, straat, lantaarn, apotheek', dat we eerder hebben gehoord op een Dostojevskibinnenplaats van een Blok-aanhanger, is het eerste gedicht dat Blok in dit huis schreef. Overigens zijn alle meubelen en attributen die we hier zien wel echt. De familie heeft er wat zorgvuldiger over gewaakt dan de nazaten van Dostojevski. Vera Aleksandrovna: 'Dit is echt het bureau waaraan hij zijn gedichten heeft geschreven.'

Waar zijn de papieren, de paperassen, de inktpotten en pennen? Waar is de chaos waaruit een gedicht ontstaat?

'Nee, zo is Alexander Alexandrovitsj niet. 'Zijn bureau is leeg. Slechts een paar attributen tolereert hij, maar wel keurig op hun plaats.'

Het hof geeft hem in 1914 de eretitel 'eerste dichter van Rusland'. Veel plezier beleeft hij er niet aan. Heel Petersburg loopt uit om tsaar Nicolaas II toe te juichen als hij de oorlog heeft verklaard aan Duitsland. Rusland neemt deel aan de Eerste Wereldoorlog. De tsaar verandert de naam van Petersburg in Petrograd. Dat klinkt Russischer. Blok gaat aan de gebeurtenis in zijn dagboek droogjes voorbij. 'Petersburg heeft een nieuwe naam, Petrograd,' schrijft hij. Hij voegt er wel aan toe: 'We hebben veel troepen verloren. Erg veel.'

De dichter is met zijn hoofd bij het front. In 1916 en 1917 gaat er zelf naar toe in een genieregiment. Hij heeft snel gezien wat oorlog betekent: 'Elke dag dat de oorlog duurt wordt er een stukje cultuur weggenomen. Als ze mij vragen wat ik tijdens de Grote Oorlog heb gedaan, dan antwoord ik: ik heb mijn werk gedaan. Het toneelstuk *De Roos en het Kruis* geredigeerd en *Vergelding* geschreven.' Hij keert terug naar Petersburg als een halve revolutionair. Als de revolutie echt komt spartelt hij niet tegen. Hij geeft de bolsjewieken het voordeel van de twijfel. Maar het einde van zijn carrière en zijn leven komt snel. Hij schrijft het gedicht 'De Twaalf'. Het is zijn visie op het veranderen van de wereld. De Rode Gardisten marcheren op weg naar een nieuwe wereldorde achter een nieuwe Christus aan. Het is een fenomenaal gedicht dat in marstempo is geschreven en ook als zodanig leest tot aan de slotregels toe.

> *...Zo gaan ze met hun ferm marcheren*
> *de hond loopt hong'rig achteraan,*
> *Voorop – met roodbebloed banier, en*
> *Door de sneeuwjacht ongezien*
> *En voor de kogels wis immuun,*
> *Met lichte tred, een sneeuwvlok zwevend,*
> *Door stralend sneeuwwit licht omgeven,*
> *Met een witte rozenkroon,*
> *Gaat voor hen uit – Gods eigen zoon.*

Het gedicht komt Blok op een storm van kritiek te staan van zijn kunstbroeders. De eerste dichter van het land keert zich af van de revolutie. Hij is verplicht zijn ruime appartementen op de derde en vierde verdieping te delen met het gezin van een matroos. De burgeroorlog zorgt voor voedselschaarste. De beroemde dichter moet bedelen om aan voldoende voedselrantsoenen te komen. Petrograd is zijn stad niet meer. De stad verliest zijn status als hoofdstad. Vera Aleksandrovna: 'Aleksandr Aleksandrovitsj kan echt niet meer ademen. Al zijn inspiratiekanalen zijn afgesneden'

De dichter waarschuwt enkele maanden voor zijn dood dat zijn einde nabij is: 'Wat is een dichter? Een man die gedichten schrijft? Natuurlijk niet. Een dichter is een man die ritme in zich heeft. Het derde en laatste deel van het drama is de strijd tussen de dichter en het volk, de onontkomelijke adoptie van de dichter als een imperfect organisme, dat alleen kan bestaan in zijn binnenwereld, naar het volk toe, wat een organisme is dat alleen in de buitenwereld kan leven. Het veroorzaakt altijd de dood van de dichter...'

Vera Aleksandrovna vertelt me die woorden plechtig. Ons korte samenzijn, twee uur, is ten einde. Zo ook het familiebezoek aan Blok. Ik loop voorzichtiger het donkere halletje in naar de buitendeur wetend dat er een obstakel is. Ik struikel toch naar het daglicht. En daar is het echte Petersburg weer van vandaag. De dag is nog niet ten einde en ik kan naar zeker nog een vijftal literaire appartementenmusea. De gouden en zilveren eeuw van de Russische literatuur en poëzie draaide voornamelijk om Petersburg.

Het is geen wonder dat Petersburg een literaire naam krijgt. Het 'Palmyra van het noorden'. Ik ken Palmyra van mijn tijd in het Midden-Oosten. Het is een verplicht toeristenuitstapje voor verslaggevers die in Beiroet zijn gevestigd. Van de stad resten nog slechts ruïnes. Wat zijn de overeenkomsten met Petersburg? De stad van palmen verrees in het midden van de woestijn in de tijdtelling vóór en de eerste eeuwen na Christus. De stad is van een ongekende rijkdom omdat het de enige veilige ankerplaats is voor de karavanen op de zijderoute. Rond 800 na Christus is het gedaan met de rijkdom. De bevolking verlaat de stad en heeft ons de ruïnes nagelaten van wat eens een stad van 'Duizend zuilen' was. De Syriërs zelf noemen de stad Tadmoor (wonder, mirakel). De stad heeft zo'n duizend jaar bestaan. Petersburg is ruim driehonderd jaar oud. Ondanks alles nog zevenhonderd jaar te gaan voor het mirakel aan de Neva? Welvaart als Palmyra heeft de stad gekend tot aan de revolutie van 1917. De economie is booming in die tijd. De restaurants serveren oesters uit Parijs, exotische heerlijkheden uit alle delen van Europa. Voor de rijken kan de rijkdom niet op. Wat dat betreft zijn er parallellen met vandaag. De oesters zijn terug aan de Nevski.

De economische en culturele bloei begint al onder Catharina de Grote die voor haar tijd een ongekend goede neus aan de dag legt voor publiciteit. Zij weet via de internationale beau monde van de literatuur en de kunsten een imago van Petersburg te scheppen dat zijn weerga niet kent. Uit die tijd stamt het 'Palmyra van het Noorden'. Catharina slaagde erin haar Petersburg geaccepteerd te krijgen als een Europese hoofdstad die niet onder hoefde te doen voor concurrenten als Londen en Parijs.

De grenzeloze bewondering ging door tot diep in de negentiende eeuw. In opdracht van het hof putten Russische en buitenlandse dichters en schrijvers zich uit om tot meerdere glorie van Petersburg hun pennen adorerende regels op papier te laten krassen.

'Adembenemende gebouwen, schitterend in de ochtendzon, weerspiegelen zich in de heldere spiegel van de Neva, en beiden roepen we eendrachtig uit: wat een stad! Wat een rivier! Dit is de enige stad! Er zijn hier zoveel onderwerpen voor de penseel van de artiest! Ik moet Petersburg verlaten. Ik moet de oude hoofdsteden gaan zien: het oude Parijs, het stugge Londen, zodat ik Petersburg nog meer kan gaan waarderen. Kijk eens wat een eenheid er bestaat! Hoe alle onderdelen samenvallen met het geheel! De schoonheid van de gebouwen, wat een smaak en welk een variatie en een samensmelting van water en gebouwen...

Hoeveel wonderen zien we hier voor ons, wonderen die in zulke korte tijd tot stand zijn gekomen, in een eeuw, slechts in een eeuw! Glorie en eer aan de grote stichter van deze stad! Glorie en eer aan zijn opvolgers, die hebben voltooid wat hij is begonnen, ondanks de oorlogen en binnen- en buitenlandse onrust. Glorie en eer aan Alexander, die meer nog dan wie ook de hoofdstad van het noorden verfraaide...'

Tsaar Alexander heeft net Napoleon verslagen. De stad verkeert op alle fronten in een feestroes. Bovenstaande tekst is uit 1814 van een lid van de Academie van de Kunsten in Sint Petersburg. Dit is voor de public relations. Dostojevski kijkt met hele andere ogen naar deze parel. Hij ziet het kille graniet en marmer van de veel te grote paleizen. Hij ziet de eentonigheid van de grandeur. Hij vindt het een opschepperige stad, leeg en om het maar plat te zeggen, vertaald naar onze tijd: een groot smakeloos partycentrum voor bruiloften en partijen. Petersburg leeft met zijn contrasten, het lot van een wonder.

Ik heb in de afgelopen twintig jaar talloze mensen ontmoet die zielsveel van dit wonder houden. Mensen ook die hun ziel en zaligheid steken in het herstel van de oude luister. Zolang theaters als het Keizerlijke Mariinski bestaan is er hoop. Die titel komt het werkelijk toe. In 1860 opent het theater als het Keizerlijke Mariinski, genoemd naar de vrouw van tsaar Alexander II. Na de revolutie krijgt het de naam Academisch Staatstheater voor Opera en Ballet. Na de moord op Sergej Kirov, de partijleider van Petersburg in 1934, krijgt het theater diens naam. Het ballet verwerft wereldfaam als het Kirov-ballet. Op de Kirovmoord komen we nog terug in het kader van Petersburgs eeuwige vrijage met de dood (zie hoofdstuk 6).

In 1992 krijgt het theater bijna zijn oude naam terug. Het wordt het Academisch Mariinskistaatstheater nadat de Sovjet-Unie is ingestort. Wie er binnentreedt zal onmiddellijk de keizerlijke sfeer opsnuiven. De buste van de tsarina staat nog altijd in de hal en heeft de naamsveranderingen overleefd. Onder de bezielende leiding van Valeri Gergijev beleeft het theater een nieuwe jeugd. Ik zie de maestro een keer in actie met zijn orkest en het ballet op het Paleisplein. Op een zomeravond klinkt een speelse Tsjajkovski langs de prachtige façades die het plein omringen. Sergej Borodins opera *Graaf Igor* zal ik vermoedelijk nooit meer zo horen als tijdens dat openluchtoptreden van Gergijevs discipelen. Het Witte Nachten-festival is elk jaar een feest.

Praten doe ik met hem in het theater. Hangend over de orkestbak tussen twee repetities door. Wat heeft deze in de Kaukasus geboren dirigent met deze stad? Hij heeft een prachtige krakerige stem. Je hoeft hem niets te vragen. Hij is aan een stuk door aan het woord.

'Ik heb veel tijd doorgebracht in Amsterdam, Utrecht en Rotterdam. Die steden hebben net als Sint Petersburg hun verbanden van tijden en culturen. Het is mijn overtuiging dat degenen die Amsterdam bouwden eenzelfde culturele conceptie en wereldbeschouwing hadden. Iedere keer als ik uit Amsterdam terugkom besef ik dat Petersburg Europees is als stad en als fenomeen. Ondanks alle verschillen moet je Rusland en Europa als één grote culturele en historische ruimte beschouwen. Niet vandaag, misschien niet morgen, maar eens zal men begrijpen dat Rusland en Europa niet zonder elkaar kunnen. Tsaar Peter was een charismatisch persoon. Een man met een sterke wilskracht. Met het stichten van Petersburg wilde hij een boodschap afgeven aan het nageslacht. Hij maakte de stad met opzet Europeser dan menig Europese stad. Het was zijn manier om zijn volk te vertellen dat Rusland en Europa onlosmakelijk aan elkaar verbonden zijn.'

'Je voelt je nederig als je dit theater mag dienen. Ik weet dat er mensen zijn die de leider van het Mariinskitheater op een voetstuk willen zetten. Het is een van de grootste opera- en ballethuizen in de wereld, maar ik ben geen tsaar Peter. Mijn taak is het publiek te bekoren. Dit theater heeft een geschiedenis van meer dan 200 jaar. Het heeft een standaardpositie veroverd in de wereldcultuur. We hebben ooit eens geprobeerd de geschiedenis van het theater in een expositie te vangen. Het is bijna ondoenlijk. De kostuums die bewaard zijn gebleven van de meester-producties vertellen op zich al een verhaal. De decorstukken die historisch zijn. Waarom is er een negentiende-eeuwse Wagnerzaal in ons complex? Omdat hij hier in het Mariinski een vaste plaats kreeg op het repertoire.'

'Ja, je kunt het werk hier alleen maar doen als je een passie hebt voor de materie. Het gevoel dat je leiding kunt geven aan het ontwikkelen van de kunstzin van het publiek. Een Petersburgs publiek dat een rijke geschiedenis en een traditie heeft op dat terrein. Hier woont theaterpubliek.'

'Ik houd van het Theaterplein, ik houd van beide oevers van de Neva. Ik vaar wel eens om twee uur of vier uur in de nacht langs die oevers met een motorboot. Dat is indrukwekkend, zoals in een sprookje. Dat gevoel kun je nergens krijgen, zelfs niet in Amsterdam, want daar zijn geen witte nachten. Deze stad is verbazingwekkend. Soms machtig en tegelijkertijd elegant. Grootschalig, machtig en elegant, dat is een vreemde combinatie. Bij het woord olifant denk je aan iets kolossaals. Het woord hert heeft een elegante betekenis. In de natuur wordt kolossaal en elegant nergens gecombineerd. Hier in Petersburg is het gelukt. We zijn in de jaren negentig door een geweldige crisis gegaan. Alles in Rusland leek stuk te gaan. Het Mariinskitheater deelde in de malaise. Maar je voelde dat er iets in het theater school dat elke crisis, artistiek of economisch, de baas kan. Veel van onze dansers, zangers en muzikanten konden veel meer geld verdienen in het buitenland. Maar iets hield ze tegen, ook toen het Mariinski nauwelijks de salarissen kon betalen. De mensen kozen mij om voorop te gaan in de strijd om het theater te redden en door de moeilijke tijd heen te sleuren. Dat is gelukt. Ik zal nooit vergeten in welke sfeer we het Mariinski en in feite de Petersburgse befaamde culturele traditie hebben gered.'

'Muziek en theater binden mij aan de stad en aan het theater. Natuurlijk heb ik prachtige ervaringen in Moskou, Amsterdam, New York en Londen. Maar die ervaringen zullen altijd anders zijn. Zonder Petersburg, zonder het Mariinski verlies ik een stuk van mijn leven. Daarom blijf ik hier.'

Het Theaterplein is inderdaad bijzonder en niet alleen door

de overheersende aanwezigheid van het Mariinski. Ook het conservatorium dat is genoemd naar de componist Nikolaj Rimski-Korsakov (1844-1908) maakt het plein bijzonder. Achter de groene façade van het Mariinki gaat een geschiedenis schuil die haar weerga aan muzikale rijkdom in de wereld nauwelijks kent.

Hier komen componisten tot leven als Michail Glinka, Pjotr Tsjajkovski. En natuurlijk Modest Moesorgski. De laatste gaat op een klassieke Petersburgse wijze ten onder. Drank breekt de meester tot het bot toe af, zo meesterlijk geportretteerd door Ruslands grootste portretschilder Ilja Repin, die hem in zijn laatste dagen in het ziekenhuis vastlegt. De grote componist ziet er uit als een klassieke 'bomzj', een dakloze.

In het restaurant Za Stsenoj (Achter de schermen) verzamelen zich de hedendaagse helden van de Petersburgse podia. Ook Gergijev valt er nog al eens binnen voor een snelle lunch. Het ligt op de hoek van het plein en de Krjoekovgracht. Je kunt er tot twee uur 's nachts terecht. Dineren na het theater kan hier.

Iets missen we als we over het plein lopen. Een koets met een zesspan ervoor die de hoek om stuift. In de keizerlijke koets de eigenaren van al deze bouwwerken. De telgen van de familie Romanov. Het is hun stad. Zij die er nu de scepter zwaaien zijn slechts rentmeesters van een bezit dat soms het menselijke bevattingsvermogen te boven gaat. Zelfs het theaterleven draagt nog altijd het stempel van de meesters van weleer.

De tsaren of de tsarina's bemoeien zich soms persoonlijk met de repetities van de balletten en de opera's. De inauguratie van het theater in 1866 is een feest zonder weerga. De balletmeester Marius Petipa kiest voor de opening het ballet 'Les Pilules magiques' en de muziek van Ludwig Minkus. Petipa is een icoon van het internationale ballet. De Fransman biedt zijn diensten aan aan het Russische hof. Het is dan al in heel Europa bekend dat de tsaren van alle hoven in Europa het meeste geld uittrekken voor de kunsten. De balletmeester wordt vorstelijk gehonoreerd. Hij arriveert op 29-jarige leeftijd per boot in Petersburg in 1847. Hij gaat er nooit meer weg al sluit hij verbitterd de ogen in 1910. Het is tenslotte Petersburg. De intriges aan het hof en in de kringen rond het Mariinski vellen hem. Hij schenkt de wereld 70 balletten. *De schone slaapster*, *Het zwanenmeer* en *De Notenkraker* danken aan hem de eeuwigheid.

Als in 1904 de 101e voorstelling van *De schone slaapster* in première gaat is hij er niet meer bij. In zijn dagboek schrijft hij: 'In het theater zijn de repetities voor *De schone slaapster* aan de gang. Ik ga niet naar de repetities. Ze informeren me niet eens... Mijn fantastische artistieke carrière is voorbij. Zesenvijftig jaar lang heb ik mijn diensten aangeboden. Ik heb de kracht om nog meer te doen. Op 11 maart word ik achtenzestig.'

De balletmeester dient vier tsaren, Nicolaas I, Alexander II, Alexander III en Nicolaas II. De Fransman geeft hoog op over zijn contacten met de gekroonde hoofden. Petipa moet wachten tot bijna honderd jaar na zijn dood voordat hij volledig eerherstel krijgt. Er komt eindelijk een standbeeld voor de meester. Op de internationale dag van de dans, 25 april 2008, 190 jaar na de geboorte van de balletmeester, kan het publiek kijken naar de ontwerpen die kunstenaars hebben ingestuurd om Petipa te eren.

De bedoeling is dat het uitverkoren kunstwerk een plaats krijgt op het Ostrovskiplein achter het Poesjkintheater bij de ingang van het Theatermuseum en niet ver van de Academie van het Russische ballet waar de nieuwe ballettalenten al sinds mensenheugenis worden gekneed.

Petipa werkt met alle grote Russische componisten. In zijn tijd is Petersburg de stad van de wereldpremières. *Boris Godoenov* van Moesorgski, *De gouden haan* van Rimski-Korsakov, Tsjajkovski's *Schoppenvrouw* en *Iolanta*. *Romeo en Julia* van Prokofjev en ook diens *Cinderella* zien er het licht.

Inmiddels zijn deze stukken uitgegroeid tot het klassieke repertoire van alle grote theaters in de wereld. De standbeelden van de componisten Rimski-Korsakov en Glinka flanke-ren het gebouw van het conservatorium, waarin concertzalen zijn ondergebracht die de namen dragen van Anton Rubin-stein en Aleksander Glazoenov. Alles wat je ziet op dit plein is theater. Nog een restaurant, Teatro, een Theater-reisbureau, Theater-kapsalon, Theater-tandarts. En als je langs de gevels loopt hoor je de repetitieklanken van violen en piano's. Hier en daar schettert een trompet.

De lijst van namen van sterren die wereldfaam verwierven, onder hen choreografen, artistiek leiders en dansers, is lang. Vooral in de jaren zeventig en jaren tachtig grijpen vele ster-ren de kans aan om tijdens de tournees van het gevierde Ki-rovballet uit te wijken naar het Westen. Rudolf Noerejev was natuurlijk een van de spraakmakendste. Ook het ballet heeft na 1991 zijn communistische naam verloren. De competitie met het Bolsjojtheater in Moskou is hevig. Overlopen van de ene naar de andere club staat voor dansers en zangers gelijk aan verraad.

Gergijev heeft de witte nachten aangegrepen om veel tra-dities in ere te herstellen. Verdi's *La Forza del destino* is een vast onderdeel van het programma tijdens deze weken in juni en juli. Met Gergijev wordt er ook naar de toekomst geke-ken. Uiteraard ontwikkelt die toekomst zich op een manier die bij Petersburg past, vol met intriges.

Wie naar de bouwput kijkt achter het Mariinskitheater houdt het hart vast. De Franse architect Dominique Perrault heeft het ontwerp afgeleverd voor een tweede Mariinski-podium. Aan de oevers van het Krjoekovkanaal en zelfs er overheen verrijst zijn 'gouden enveloppe'. Een gigantisch futuristisch bouwwerk van glas en metaal met een gouden glans dat boven het koepeldak van het oude Marriinski zal uitsteken. 'Een keizerlijke stad verdient keizerlijke monu-menten,' aldus de Fransman. 'Dit is een aanslag op de schaal van Petersburgs oude stad. Een modern gezwel in een omge-ving van achttiende- en negentiende-eeuwse traditie,' zeggen de tegenstanders.

Perrault houdt vol dat zijn gouden kronen niet het Mariinski zullen overschaduwen, maar zullen reflecteren als een schitterende zon tussen de historische kunstwerken van de stad. Valeri Gergijev is weg van het ontwerp: 'De glazen koepel zorgt voor een zee van licht in het nieuwe operahuis, een weerspiegeling van de witte nachten.'

Er komt een grote publieke ruimte in de glazen koepels met restaurants en boetieks. In de nieuwe operahal zullen goud en zwart marmer overheersen. 'Modern en toch een klassiek operahuis,' zegt Gergijev.

Het enthousiasme voor het miljardenproject is intussen wat bekoeld. De overambitieuze Franse ontwerper heeft niet echt goed gekeken naar de drassige ondergrond van Petersburg. De hele kolos blijkt te zwaar voor zijn ondergrond. Perrault, stampvoetend, is intussen van het project gehaald. Hij mag zijn handtekening blijven zetten onder het ontwerp, maar technische aanpassingen zijn inmiddels door anderen gedaan. Het had er in 2007 moeten staan. Toen ik in het voorjaar van 2008 over de schutting keek naar de vorderingen op de bouwplaats zag ik dat ingewikkelde machines nog steeds in de grond aan het wroeten zijn.

Het Mariinski was niet minder omstreden bij zijn opening. Het hoort er kennelijk bij. De geschiedenis van het theater kent alleen maar opwinding. De bespelers van het theater verhalen in rijke bewoordingen de sensatie te worden ontvangen in de loge van de tsaar of liever gezegd in de vestibule bij de loge. Bij goede prestaties deelt de keizerlijke familie presentjes uit, maar er zijn ook gekroonde hoofden die hun afkeer laten blijken over het opgevoerde ballet of de opera door demonstratief voor het einde van de voorstelling de zaal te verlaten. Opera is nu eenmaal een emotioneel tijdverdrijf.

Het Mariinskicomplex heeft sinds kort al wel een derde podium. Een concertzaal even verderop in de Dekabristenstraat. Muziekrecensenten uit de hele wereld zijn er komen kijken en luisteren en dichten eendrachtelijk Petersburg een nieuw wonder toe. Het uiterlijk van het gebouw is niet spectaculair, met de bustes van Ruslands geliefdste componisten op de gevel. Maar binnen klinkt hun muziek subliem.

'De geluidsbalans is verbluffend', 'Een akoestische sensatie', 'De concertzaal is als een Stradivariusviool', zijn enkele van de lovende woorden die we kunnen oppikken uit de internationale muziekmedia nadat de zaal in 2007 haar eerste seizoen beleeft. Het hele Mariinskicomplex ging in 2008 zijn 225e seizoen in.

Je hoeft niet een theater in te gaan om van theater te genieten in Petersburg. Bezoekers aan de stad raken zo in de ban van de harmonieuze compositie van gebouwen dat zij denken dat de tsaren het bouwen van een theater op het oog hadden in plaats van een stad. De Franse markies De Custine formuleerde het in 1846 zo: 'Bij iedere stap die ik zet ben ik verbaasd dat overal waar ik kijk in deze stad er verwarring is tussen architectuur en decoratie. Peter de Grote en zijn opvolgers zagen hun stad vermoedelijk als één theater.'

Was de Theaterstraat (Rossistraat) bedoeld als grap? Iedere Petersburger weet het. De straat is 220 meter lang en de gebouwen zijn 22 meter hoog. Het is een merkwaardige ervaring om er doorheen te lopen. De pilaren die de gebouwen steunen lijken een eigen leven te leiden. Wie zich behept weet met de vreemde invloeden van Petersburg ziet het echt: die pilaren dansen. Dat heb ik niet van me zelf. De literatuur is er duidelijk over. Maar het gevoel bekruipt je ook dat de Italiaan Carlo Rossi zoveel ruimte kreeg van zijn opdrachtgevers aan het hof dat niets te dol was.

De straat is natuurlijk een grap. Iedere keer als ik er doorheen loop zie ik echt de dansende pilaren. De straat lijkt functieloos en altijd leeg. Rossi's tijdgenoten voorspelden al dat lang na Rossi's dood mensen uit de hele wereld naar zijn straat zouden komen om zich te verwonderen over zijn schepping. 'En allemaal zullen ze dezelfde vraag stellen: wat is het waarom van deze straat?' Inderdaad, maar architectuur is kunst, dus het stellen van deze vraag, zeker in Petersburg, is een doodzonde.

Je komt vanzelf terecht via deze dansende pilaren bij het Alexandertheater. Ongelukkigerwijs heeft de revolutie ook hier een spoor getrokken. Het heet nu het Poesjkin-dramatheater. Maar iedere rechtgeaarde Petersburger en thea-terliefhebber houdt het toch bij de oude keizerlijke naam. De architect Carlo Rossi tekent voor dit gebouw. Hij heeft ook hier zijn gang kunnen gaan en niemand hield hem tegen. Het exterieur is rijk aan tierelantijnen zonder dat het plat wordt. Integendeel, het is majesteitelijk en wie er binnengaat valt, net als in het Mariinski, stil. De enorme centraal gesitueerde tsa-renloge vertelt het hele verhaal. Wie hier mag spelen is geze-gend.

De choreograaf Fjodor Lopoechov zette het theater ooit als volgt neer: 'Het Alexandertheater, daarmee is niets in Eu-ropa te vergelijken! De Grand Opera in Parijs, Covent Gar-den verbleken in het aangezicht van Rossi's creatie. Dat ver-zeker ik u! Ze zeggen dat Russen niet weten hoe ze moeten werken. Dat is niet waar. De hele Theaterstraat is gebouwd in drieëneenhalve maand. Achttien miljoen stenen die met de hand zijn gelegd!'

De muur van de Peter- en Paulsvesting: vanouds dé plek om te zonnebaden

Peter de Grote als knuffeltsaar

Hoofdstuk 3

Wandelen in de geschiedenis

De Russen doen het al meer dan honderd jaar, wandelen in de geschiedenis van Sint Petersburg. In 1903 verschijnt er een stichtelijk boek voor de burgers met vijfendertig wandelingen (excursies volgens het boek) die de bezoeker aan Petersburg een houvast geeft hoe hij de geschiedenis van zijn land moet zien. De uitgave is verzorgd door de Commissie voor Volksonderwijs.

Een familiefoto van het tsarengezin van Nicolaas II heet de bezitter van de reisgids hartelijk welkom. Uiteraard is het eerste hoofdstuk gewijd aan de geschiedenis van de grote stichter van de stad. 'Zonder kennis van de geschiedenis verliezen veel van de wandelingen aan waarde,' zeggen de samenstellers van de gids. In het jaar 1903 behoort, zo weten we uit de gids, Petersburg met anderhalf miljoen inwoners tot de vijf grootste steden van Europa, na Londen, Parijs, Berlijn en Wenen.

Slechts een derde van het aantal inwoners heeft ook zijn historische wortels in de stad. De overigen zijn 'import-Petersburgers' uit alle windstreken van het grote rijk. Petersburg zal snel groeien, voorspelt de gids. Vanwege de ongekend goede sanitaire voorzieningen in de stad loopt de kindersterfte terug. Op elke duizend geboorten sterven nog altijd vijfenzeventig kinderen. De residentie van de Russische imperator heeft alle voorzieningen die passen bij de hoofdstad van het Russische rijk, doceren de schrijvers.

De gids komt niet toevallig uit. In dat jaar, 1903, is het 200 jaar geleden dat de stad is gesticht. De schrijvers steken de loftrompet over de stad en hebben, natuurlijk, de onvermijdelijke Poesjkin bij de hand om dat in mooie woorden neer te zetten.

Op d'oever van de golvenzee
Stond Hij en had een groots idee
Hij tuurde ver en voor hem stroomde
Het brede water langs hem heen
Een gammel bootje voer erover.

En op het dras en mossig land
Zag hij de hutten langs de kant
Alwaar de arme Finnen woonden.
Verstoken van de zonneglans
Volledig in de mist verzwonden
Ruiste het bos.

Hij mijmerde:
Van hier gaan wij de Zweed bedreigen;
Hier zal een stad worden gebouwd,
Die snode buur zal zich verbijten;
Wij moeten hier, waar wij nu staan
Een venster naar Europa slaan
Aan deze kust voor altijd blijven.

Aan toeristen uit andere landen denkt men in het jaar 1903 nog niet. In het werkje wordt het staatshoofd eerbiedig aangesproken als 'Gosoedar' (wat ook letterlijk betekent: staatshoofd). En ook alle illustere voorgangers van tsaar Nicolaas II, die de lamp over het tsarenrijk zal uitblazen, krijgen die aanspreektitel.

Ik neem het blauwe boekje stevig in de hand en verplaats me ruim een eeuw terug in de tijd. Lukt dat? Ik kom langzaam omhoog uit de metro. Petersburg heeft de diepst liggende metro ter wereld en volgens mij de langzaamste roltrappen. Haast hoort niet bij de stad, krijgen we hier opnieuw als bewijs voorgeschoteld. Uit de luidsprekers klinken reclameboodschappen. Daar tussendoor de mededeling: 'Inwoners van Petersburg, elke vrijdag om 19.00 uur, zendt het vijfde televisiekanaal het project "De gouverneur ontmoet de inwoners van de stad" uit. Bel uw vragen door naar het volgende nummer... of zend uw e-mails naar...' Gouverneur Valentina Matvijenko beantwoordt vragen van burgers. Ik heb wel eens gekeken. Het programma is een soort armzalig alternatief voor de ook in Ruslands tweede stad mank lopende democratie. Matvijenko is de Gosoedar van deze tijd. Zij zit eenzaam hoog op de troon, niet gehinderd door een lakeiachtige gemeenteraad. Op haar beurt vervult zij de lakeifunctie tegenover de baas in het Kremlin. De tsaren houden ook van dit soort bijeenkomsten waarop de burgers, natuurlijk niet rechtstreeks aan de Gosoedar, maar aan zijn secretarissen, hun petities mogen aanbieden.

Ik heb Matvijenko een aantal jaren geleden uitvoerig geïnterviewd en volgde haar een dag lang. In 2003 kreeg de stad twee miljard euro uit het federale budget voor de viering van het driehonderdjarig bestaan. 'Hiermee heeft president Poetin getoond dat hij niet alleen van zijn geboortestad houdt, de injectie om historische monumenten te herstellen is een teken dat het de verantwoordelijkheid is van heel Rusland de parel van Rusland te bewaren voor toekomstige generaties. En aan de Russische burger de rol terug te geven die de stad heeft gespeeld in de Europese politiek ten tijde van onze voorvaderen. Dat is ongelooflijk belangrijk.'

Ik mag ook mee naar een bijeenkomst van topambtenaren en regionale bestuurders die zij flink de les zal lezen, verzekert zij mij. De gouverneur gaat zitten in de zaal van het Taurische Paleis. Generaal Potjomkin krijgt het als geschenk van Catharina de Grote. Daarna is het ontheiligd in 1917 door de eerste arbeidersraden die er bezit van nemen. Nu is het de zetel van de parlementaire assemblee van de landen van het Gemenebest van Onafhankelijke Staten (GOS). Dat is het losse verband van twaalf van de vijftien voormalige republieken van de Sovjet-Unie. Er zetelt ook het televisiestation MIR van die voormalige Sovjetrepublieken. De gouverneur onderhoudt er haar ondergeschikten. Onder kroonluchters gezeten voelen de dames en heren bestuurders al waar het op uit zal draaien. Ze pakken braaf pen en papier als de gouverneur begint te fulmineren. Niets deugt er. 'Ik eis van u de energie van de president van dit land, en dat u onverkort zijn aanwijzingen uitvoert. Er gaat te veel fout. Ik krijg te vaak berichten over bureaucratisch gedrag.'

Na afloop vraag ik haar of de president tevreden zal zijn ware hij aanwezig geweest bij deze bijeenkomst. Ze kijkt me aan alsof ze mij niet begrijpt en zegt: 'Ik doe mijn best iedereen te inspireren met de geest die de president in het land heeft gebracht.' Wat is nieuw in het nog altijd tsaristische Rusland?

Als ik langzaam uit het Petersburgse moeras naar boven kom bij het metrostation dat de naam draagt van de schrijver Maksim Gorki, herinner ik me dat de ambitieuze gouverneur nog lang niet verzadigd is. 'Om de 15.000 historische monumenten van Petersburg te beschermen is er op korte termijn 500 miljard euro nodig,' zegt ze. Dat bedrag komt ongeveer overeen met de hele staatsbegroting van een land als Nederland.

De Pitertsy horen haar aan en denken er het hunne van. Ondanks dat de stad nu al meer dan acht jaar de volledige politieke bestuurstop van het land levert, zijn de bewoners argwanender dan ooit. Ze zijn politiek radicaler in hun opvattingen dan elders in Rusland. Dichterbij Europa waart hier een iets democratischer geest rond. De Petersburgers horen de miljardenverhalen aan. Aangeland op straathoogte neem ik onder het toeziend oog van het standbeeld van Maksim Gorki een steekproefje, voordat ik aan mijn wandeling begin langs een eindeloze rij monumenten die op de financiële steun van de gouverneur wachten.

Anna is resoluut in haar antwoord: 'De bureaucraten hebben ons altijd bestolen. Ik wil niet zeggen dat dit stelen onze nationale eigenschap is, maar helaas schuilt er wel enige waarheid in. En wat Matvijenko betreft, ze heeft van Petersburg haar familiebedrijf gemaakt, maar dat is ook niets nieuws in dit land. In Moskou is het nog erger.'

Sergej is al niet opgewekter: 'Al dat geld dat zogenaamd

naar onze historische stad gaat is een prachtige manier om te stelen. Je kunt elk prijskaartje hangen aan restauraties. Hoeveel er werkelijk naar de restauraties gaat en hoeveel er in bureaucratische zakken verdwijnt weet niemand. Wie het meest heeft gestolen? Heden ten dage steelt iedereen in ons land.'

Om eerlijk te zijn, er zijn ook Pitertsy die onder de indruk zijn van Matvijenko. De wegen zijn stukken beter, allerlei internationale automerken zijn rond Petersburg assemblagebedrijven begonnen. Dat levert werk op en de grootschalige restauratie van de historische stad natuurlijk ook.

Aleksandr: 'Matvijenko is het soort mens met een zakelijke instelling. Zij heeft een zakelijke aanpak. Zij is er niet op uit om te stelen. Ze wil dat alles beter gaat. Ze is een typische Poetinaanhanger die bereid is om te vechten.' Het is een traditie in Rusland, nu en in vroeger tijden, dat zij die aan de macht zijn verbonden zijn met corruptie. En zij die aan de macht zijn doen er ook weinig aan de indruk weg te nemen dat die zienswijze overeenstemt met de werkelijkheid. Zelfs Peter de Grote omringt zich bewust met corrupte vazallen die hij op die manier afhankelijk maakt van de staat en van hun positie, en dus van hemzelf. Het is een onuitroeibaar Russisch spel dat onder meer democratische hervormingen in de weg staat. Met iedere nieuwe machtsstructuur begint het spel opnieuw.

Een kennis die namens de president in de voorbereiding naar de viering van het 300-jarig jubileum van de stad tijdelijk uit Moskou naar Petersburg is gestuurd om het organisatiecomité bij te staan, omschrijft het systeem tegen mij als volgt. 'Er is twee miljard dollar. Dat kiepert men in een trechter, wat er onderaan de smalle tuit uitkomt is het werkelijke bedrag dat naar het opknappen van de stad gaat. De rest? Dat is het geheim van de trechter.'

We draaien Gorki de rug toe. Het plein van de Drievuldigheid, het voormalige Plein van de Revolutie, ligt voor ons. Links is een bouwwerk in jugendstil dat zich nu afficheert als het Museum van de Politieke Geschiedenis. Uiteraard con-

centreert het museum zich op de periode van voor de omwenteling van 1991, op de glorie van de revolutie van 1917.
Markant is ook de moskee met zijn tientallen meters hoge mi-
naretten en imponerende koepel. Ik heb dit gebouw eerder
gezien. Het is een kopie van de moskee in Samarkand in
Oezbekistan en de koepel doet denken aan het mausoleum
van Tamerlan in dezelfde stad.

De moskee dateert van voor de revolutie. Het opvallende
is dat het tsarenrijk, maar ook de communistische heersers,
minder moeite hebben met het moslimdeel van de bevolking
dan met het joodse. Het antisemitische zit in Rusland heel
direct onder de oppervlakte. Er is ook een synagoge in Petersburg, maar die zit een beetje weggestopt achter het Mariinskitheater, in een zijstraat van de Dekabristenstraat. De
moslims hebben zich altijd vrij kunnen vestigen in Petersburg.
In de tsarentijd bestaat er een soort quotaregeling voor joden.
Joden die tot Petersburg worden toegelaten moeten voldoen
aan een aantal eisen. Je moet bemiddeld zijn of een in aanzien
staand vak uitoefenen, dan mag je je in de stad vestigen. In
1910 voldoen zo'n 30.000 joden aan die eisen. Dat is nog
geen twee procent van de bevolking. Mijn blauwe reisgids
geeft iets optimistischer cijfers. In 1903 is het joodse aandeel
in de bevolking negen procent.

Linksaf ga je de Peterskade op waar het tsaar Peter-huisje
bewaard is gebleven. Het is het eerste onderkomen van de
tsaar in zijn paradijs. Ik zei al eerder, je kunt het overslaan.
Maar mijn blauwe gids vertelt me gelukkig dat een Nederlander hier een opmerkelijke ontmoeting met de tsaar moet
hebben gehad.

Peter de Grote onthaalt in zijn huisje een Friese schipper,
van een van de eerste koopvaardijschepen die Petersburg aan-
doet. De Fries heeft door de eenvoud van het onderkomen
niet door dat hij bij de tsaar op visite is. Peter wil de illusie
niet verstoren en stelt hem voor aan zijn vrouw, aan wie de
schipper een stuk kaas aanbiedt. De keizerin is verrukt en zegt
dat ze nog nooit zoiets lekkers heeft gegeten. Voor de Neder-

landse gast het sein haar een fijn stuk stof aan te bieden om kleren van te maken. 'Nou Katja,' zegt Peter met een knipoog, 'straks loop je er bij als een echte keizerin! Wat een geluksvogel ben je! Zulke kleren heb je nog nooit gehad!' Als tegenprestatie vraagt de Fries haar om een zoen.

Het spelletje had zo nog even door kunnen gaan, ware het niet dat generalissimo Aleksandr Mensjikov in vol ornaat binnentreedt om verslag te doen aan de tsaar. Peter ziet de verbaasde blik van zijn Nederlandse gast en haast zich te zeggen dat het in Petersburg niet ongebruikelijk is dat hoge heren, om een lening verlegen, op hun best uitgedost op bezoek komen bij welgestelde mensen. Hij drukt de schipper op het hart toch vooral op zijn centen te passen. Die gelooft hem, maar algauw komt een andere officier het huis binnen. Dan begrijpt de zeeman hoe de vork in de steel zit. Hij valt op de knieën en vraagt de tsaar om vergiffenis voor zijn familiaire gedrag. Peter koopt alles wat hij heeft meegebracht en de schipper doet nog jaren goede zaken in de stad.

Een waar verhaal? Het is te mooi om niet waar te zijn. Bovendien geeft het tenminste een extra dimensie aan het bezoek aan het nietige gebouw. Als je rechtsaf gaat langs de kade kom je vanzelf bij het kapelletje dat is gebouwd op de plek van Peters eerste kerk, de Drievuldigheidskerk. Je kunt er binnengaan, maar nergens zul je de sfeer proeven van de rol die de kerk in Peters leven heeft gespeeld. De bezoekers van 1903 hebben dat voorrecht nog wel. Hier vierde hij al zijn overwinningen. Hier zocht hij contact met het hogere om zijn wonderlijke paradijs te redden. De nieuwbouw is van een kil marmer. Het is moeilijk de tsaar op deze plek voor te stellen in zijn directe seances met God.

De onvermijdelijke Peter- en Paulsevesting, op een steenworp afstand, brengt je al dichterbij de geschiedenis. Hier begon het. Hoe vaak ben ik er niet geweest? Er gaan inmiddels heel wat fondsen naar toe voor restauratie. In 2008 ligt het hele complex nog overhoop. Blijft alles nog wel hetzelfde? Er zijn Pitertsy die zeggen dat er een soort toeristische kermisattractie van wordt gemaakt in plaats van de historische plek, die twee eeuwen lang het symbool was van het centrum van de macht en zelfs het Moskouse Kremlin in de schaduw stelt.

Ik bagger er door de blubber. Het wordt vast mooi. Ik wil weten of de cel nog bestaat waarin tsaar Peter eigenhandig zijn zoon martelt en vermoordt. Het cellencomplex in het Troebetskojbastion ondergaat een verbouwing. Ik kan er niet bij. De blauwe gids zwijgt over dit detail in de geschiedenis. De wrede praktijken die Peters opvolgers hier hebben laten gebeuren blijven ook onvermeld.

Hier is eeuwenlang, tot in de communistische jaren, ge-marteld en gemoord uit naam van een Russische vorm van gerechtigheid. Het valt vaak op dat de neiging bestaat in Rus-land onaangename facetten van de geschiedenis een beetje weg te moffelen.

Tsaar Peter was groot, maar hij had een pikzwarte kant. Van de communistische jaren valt nauwelijks iets positief te zeggen. Toch mag Jozef Stalin zich in het nieuwe Rusland ver-heugen in een coulante benadering. 'Ja, hij was een dictator die miljoenen mensen de dood injoeg, maar hij heeft ons door de oorlog geholpen. Hij hoort nu eenmaal bij onze geschie-denis', krijg ik als excuus te horen. Hitler hoort ook bij de ge-schiedenis van Duitsland, maar wel tot de zwarte hoofdstuk-ken. Je ontdekt ook in Petersburg dat, in tegenstelling tot andere landen in Europa, Ruslands geschiedenis nauwelijks zwarte bladzijden kent, althans officieel.

De confrontatie met de werkelijkheid brengt vaak de Rus in verwarring. Dat wil Michail Sjemjakin ongetwijfeld ook bereiken. Middenin de Peter- en Paulsvesting zit een bronzen tsaar Peter op een zetel. Hij zit er nog maar betrekkelijk kort, sinds de zomer van 1991. Beeldhouwer Sjemjakin woont in de Verenigde Staten, maar net als zovele andere zonen en dochters van de kunsten die in de Sovjetjaren Petersburg de rug hebben toegekeerd, wil ook hij de banden met zijn ge-boortestad herstellen.

Op 7 juli 1991 klinkt om twaalf uur het saluutschot van de Peter- en Paulsvesting, dat volgens oude tradities ook vandaag nog de Pitertsy en de bezoekers van de stad de stuipen op het lijf jaagt. Op dat tijdsstip valt het doek van de schepping die Sjemjakin heeft gemaakt. De duizenden die naar dit evenement zijn gekomen laten wel een licht applaus horen, maar de meeste bezoekers, inclusief de hoogwaardigheidsbekleders die het beeld nog niet hebben gezien, zijn geschokt. Hier zit niet de held van hun stad. Hier zit een wat slungelige man met een verweerd gelaat, die niet de trots uitstraalt die de bezoekers kennen van andere kunstwerken.

Kijk naar het gezicht van de tsaar op zijn steigerende paard op de andere oever van de Neva. Falconets Bronzen Ruiter laat een tsaar zien die zelfbewust, zelfs een beetje driest uit zijn ogen kijkt. De schilderijen die er van hem zijn tonen hem doorgaans in volle glorie met krullende pruiken. Soms de blik iets ironisch, zeer bewust van zijn majesteitelijke aanwezigheid. Sjemjakins Peter is een grappige man, die duidelijk problemen heeft met zijn lengte. Zijn lange armen bungelen naast zijn lichaam met aan het eind disproportioneel grote handen. Falconet schept het gezicht van de tsaar zelf en hij brengt zijn uitgeschoten figuur terug tot proporties die passen bij de uitstraling van een Gosoedar. Hij maakt de tsaar mooier dan hij is, een Julius Caesar. Sjemjakin neemt het dodenmasker dat van de tsaar is te bewonderen in het Hermitagemuseum als uitgangspunt.

Rechtgeaarde Peterbewonderaars vinden het beeld een belediging. Kunstpausen komen tot de conclusie dat de twee beelden, de Bronzen Ruiter en Peter zittend op een zetel in het Peter- en Paulsfort met elkaar in discussie zijn. Wie was deze buitengewone tsaar? In de geschiedenisboekjes in de communistische jaren staat er geen kwaad woord over de tsaar. Hele generaties groeien op zonder twijfel over zijn daden in het belang van Rusland. Twijfel komt er over alles in de jaren negentig. De tsaar ontkomt niet aan die trend, maar in mijn gidsje van ruim honderd jaar geleden is alles nog in orde.

En nu? De afgelopen tien jaar is de discussie, voor zover die al op gang was gekomen in Poetins Rusland, weer stilgezet. Poetin zelf heeft zich bij de presentatie van een nieuw geschiedenisboek voor leraren in het voortgezet onderwijs laten ontvallen dat er misschien wel zwarte bladzijden zijn in de geschiedenis van Rusland, maar dat dat er veel minder zijn dan in de geschiedenis van andere Europese landen. Russische leiders hebben nogal sterk de neiging door een beslagen bril naar hun eigen land te kijken.

De bruidjes eren weer Falconets schepping op hun trouwdag als nooit tevoren. De limousines zorgen vooral op zaterdag voor verkeersopstoppingen rond het monument. Sjemjakins Peter is een populaire speelpop. Ouders zetten hun kinderen op de bronzen knieën van de tsaar. Kinderen hangen aan zijn nek. Het brons glimt overal vanwege de talrijke aanrakingen. Falconets Peter vertegenwoordigt het heldenepos rond de tsaar. Sjemjakins Peter is uitgegroeid tot een nationaal knuffeldier.

Het fort is een ontdekkingsreis die je vele malen opnieuw kunt ondernemen. Het straalt minder macht uit dan het Moskouse Kremlin. Het heeft ondanks zijn pracht en praal en martelkamers toch een merkwaardige vorm van openheid. De Peter- en Paulskathedraal is het natuurlijke middelpunt. Peters sarcofaag wordt altijd door een lamp beschenen en vreemd genoeg ook de sarcofaag van Catharina de Grote. Alle nazaten, mislukte en geslaagde tsaren en tsarina's liggen hier broederlijk en zusterlijk bijeen.

Ik ben erbij in de zomer van 1997 als de ontbrekende familieleden arriveren die de Romanovdynastie hebben afgesloten. Tsaar Nicolaas II en tsarina Aleksandra Fjodorovna en hun dochters Olga, Tatjana en Anastasia. Een vierde dochter, Maria, en tsarevitsj Aleksej ontbreken nog. Het gezin heeft een aparte nis gekregen in de kathedraal. De tsaar is zijn hele leven omstreden gebleven als de grote twijfelaar die meer liefde aan de dag legt voor god en het gezinsleven dan voor de taak waartoe hij is geroepen. De tsaar en zijn gezin zijn in

1918 vermoord in de kelder van het Ipatjevhuis in Jekaterinenburg in de Oeral. Hun resten zijn teruggevonden in de jaren negentig in een mijnschacht. DNA-onderzoek heeft het bewijs geleverd dat dit de resten van de laatste tsarenfamilie zijn.

Maar Petersburg is Petersburg. De Russisch-orthodoxe kerk heeft Nicolaas en de leden van zijn gezin heilig verklaard. Tegelijkertijd is het moderne DNA-onderzoek geen bewijs voor de kerk te erkennen dat in de sarcofagen echt de botten liggen van hem, zijn gezin en enkele personeelsleden. De kerk wacht nog altijd op een teken Gods, passend bij een heilige.

Rond het bijzetten van de stoffelijke resten in de sarcofagen in 1997 ontstaat een verwarrende situatie. Patriarch Aleksi laat verstek gaan bij de plechtigheid. Hij heeft het teken Gods nog niet gekregen. Een metropoliet gaat voor in een plechtigheid. In de gebeden wordt niet naar de botten verwezen, maar in algemene termen gesproken over de moord op het gezin van de aspirant-heilige Nicolaas.

President Jeltsin komt op het allerlaatste moment toch naar de kerk om de laatste eer te bewijzen en boete te doen. Jeltsin was ooit partijleider in Jekaterinenburg (Sverdlovsk in zijn tijd). Hij liet het huis waarin de tsarenfamilie op wrede wijze is afgeknald met de grond gelijkmaken. Vervelende wendingen in de geschiedenis van het land kun je maar beter verwijderen. Jeltsin staat er nu. Zeer bewogen. De geschiedenis heeft hem en zovele van zijn kameraden toch ingehaald. Buiten het fort demonstreren hardleerse communisten die vinden dat de tsaar zijn verdiende loon heeft gekregen. Elders zijn er orthodoxe gelovigen die protesteren tegen het feit dat de verkeerde botten en niet die van de heilige Nicolaas worden geëerd. En weer elders dragen monarchisten spandoeken met zich mee tegen Jeltsin en de democraten. Zij eisen herstel van de absolute monarchie. Zelfs de dood brengt Russen niet samen.

Er zitten Nederlandse kantjes aan de kathedraal. De eerste klokken voor de klokkentoren zijn geleverd door Nederlandse klokkengieters tegen een vergoeding van 45.000 roebel. In die tijd, 1714, een fenomenale som. De engel op de top van de gouden piek komt oorspronkelijk ook uit Nederland, gemaakt door ene Herman van Boles. Ik ben nooit de ruim 120 meter hoge piek opgeklommen om zelf te controleren of het waarmerk van Boles er nog altijd in staat.

De Nederlandse klokkenmaker Oort Kras maakte de klokken die elke dag om 12 uur het 'God bescherme de tsaar' speelden. Dat klokkenspel is na de revolutie vervangen door het oorverdovende kanonschot. De omwenteling van 1991 heeft het meer menselijke geluid van de klokken niet teruggebracht.

Terug naar 1903 en de gids die de bezoeker een dag laat doorbrengen in de Peter- en Paulsvesting. In dat jaar zit Petersburg middenin een economische boom. Vooruitgang is er op alle fronten. Het bankwezen bloeit. De technologie grijpt om zich heen. De toeristen met het blauwe boekje in de hand stappen rond in een stad waar niets te gek is. De burgers kunnen hun wandeling voortzetten over de Drievuldigheidsbrug die in dat jaar net gereed is gekomen. Nu is de brug van de Franse ingenieur G.A. Eiffel, inderdaad die van de Parijse toren, een vast patroon in het filecomplex in Petersburg. Toen moet het een sensatie zijn geweest om van het Petrograd-eiland naar de overkant te lopen voor een bezoek aan de Zomertuin. Maar eerst loop je tegen Aleksandr Soevorov (1729-1800) op. Een man die vooral onder Catharina de Grote overal in Europa opduikt om het grote tsarenrijk nog groter te maken. Een briljant generaal die de krijgskunst in de wereld op een hoger plan heeft geholpen. Catharina de Grote is zo onder de indruk van haar generaal dat zij hem verheft tot generalissimo. Maar het Petersburgse hof kent zijn grillen. Briljant of niet, tsaar Paul I (1754-1801) moet niets hebben van de entourage van zijn illustere voorgangster en moeder. Hij stuurt de generalissimo in ballingschap op zijn landgoed bij Novgorod. In 1799 ontkomt Paul I er toch niet aan de geniale generaal weer op pad te sturen om in Italië en in Oostenrijk een paar vervelende klussen op te knappen. Hij voert een imposant leger over de Oostenrijkse alpen, een staaltje Hannibal waardig. De pedante tsaar, die wordt vermoord met medeweten van zijn eigen zoon, wenst Soevorov bij terugkeer in Petersburg niet eens te ontvangen. De generalissimo sterft een paar dagen later van verdriet. Zijn graf is terug te vinden in het Aleksandr Nevski-klooster, waar hij in stilte is begraven.

Pauls zoon, Alexander I, maakt het na de moord op zijn vader goed. Soevorov is met dit imposante standbeeld vereeuwigd voor het nageslacht. Staat het hier terecht? Soevorov is een Moskoviet in hart en nieren. Ik weet in Moskou een kerkje dat het lievelingsplekje is van de adellijke ijzervreter. De generaal gehoorzaamt zijn soevereinen, maar hij haat de stad waar zij hof houden. Arm Petersburg.

Aan de voet van het standbeeld van Soevorov moet ook Ruslands eerste revolutionair hebben rondgedwaald. Dmitri Karakozov is een zoon uit een geslacht van plattelandsadel uit Saratov. Hij studeert aan de universiteit van Moskou. Daar komt hij in aanraking met de eerste 'revolutionaire vleugel' in Rusland. Het Isjoetingezelschap, geleid door de neef van Karakozov, adopteert de regel dat geweld is gerechtvaardigd voor het omverwerpen van het tsarenregime.

Er zijn in die dagen kennelijk geen strikte veiligheidsmaatregelen die de tsaren beschermen. Karakozov moet net als iedere burger hebben geweten dat de tsaar op vaste tijden aan zijn wandeling begint in de Zomertuin om bij de ingang aan de kant van de Neva op een bankje wat in de verte te turen.

Hier grijpt Karakozov zijn kans om geschiedenis te maken. Hij vuurt uit een dubbelloops geweer op de tsaar. Maar een passerende boerenknecht, ene Osip Komissarov, weet net op tijd een ruk aan de arm van de terrorist te geven. Het schot mist. In plaats van zijn tweede patroon te gebruiken slaat Karakozov op de vlucht en wordt gegrepen. De strop is zijn lot op 3 september 1866.

De gebeurtenis krijgt een vaste plaats in de geschiedenisboeken van het land. Ook mijn blauwe boekje uit 1903 maakt melding van de aanslag. Op 4 april 1866 gebeurde het.

Een jaar later schenkt de stad de tsaar een kapelletje dat bij de onheilsplek wordt geplaatst om zijn wonderlijke redding van de dood te herdenken. Het is volgens de beschrijving in mijn oude gids een niet al te groot uit marmer opgetrokken bidplaats. Het kapelletje is er helaas niet meer. De boerenknecht Komissarov krijgt als dank een adellijke titel en raakt in de provincie al snel in de vergetelheid.

De mislukte aanslag is een teken van God, zeggen de autoriteiten in de tijden dat het volk nog van zijn Gosoedar houdt. De communistische geschiedenisboekjes verheffen Karakozov tot held en verwijzen de rol van de boerenknecht naar het rijk der fabelen. Ik ben even op het bankje van de gelukkige tsaar gaan zitten. Even uitblazen in de geschiedenis.

Ik bedenk me dat deze Alexander toch een heel bijzondere tsaar moet zijn geweest. Hij verleent gratie aan de meeste politieke ballingen die het hebben opgenomen tegen zijn voorgangers zoals de dekabristen. Hij verlost de boeren van het lijfeigenschap. Hij voert bestuurshervormingen in. Je zou hem een liberale tsaar kunnen noemen. Op de dag dat hij zelfs een plan goedkeurt dat de bevolking een vorm van inspraak geeft in het lands- en lokale bestuur slaat de revolutionaire Narodnaja Volja alsnog dodelijk toe. Hij overleeft vijf aanslagen op zijn leven. De zesde is hem fataal.

De Zomertuin zelf heeft zich door de eeuwen heen ontwikkeld tot een plek van rust in de snel uitbreidende metropool. Peter de Grotes eerste zomerpaleis is zeer bescheiden met slechts tien kamers op elke verdieping. Peter en zijn echtgenote Catharina hebben er ieder hun eigen etage. De delftsblauwe tegels ontbreken ook hier niet. Het is niet spectaculair, maar er rond lopen geeft je het gevoel van het bescheiden begin van een historische hoofdstad. Mijn blauwe gids wijst erop dat er veel Hollandse ideeën ten grondslag liggen aan het ontwerp en dat ook veel Hollandse deskundige handen de wensen van de tsaar hebben uitgevoerd.

Hetzelfde geldt voor de tuin. De tsaar bemoeit zich overal mee. Lang kan hij geen tuinarchitecten vinden die zijn ge-

dachten kunnen uitvoeren. Duitsers en Hollanders klaren uiteindelijk het karwei voor hem. Er komen 89 mythologische figuren die er nog altijd staan en in de winter zorgvuldig worden afgedekt. Ze hebben de Tweede Wereldoorlog overleefd.
De beelden zijn gedurende de blokkade van Leningrad tijdens de oorlog onder de grond gestopt.

In de eerste helft van de negentiende eeuw opent de tuin
voor het publiek dat de plek snel ontdekt. De centrale ont-
moetingsplaats is het standbeeld van Ivan Krylov (1769-
1844), Ruslands meester sprookjesverteller. Hier kunnen Pitertsy uren zitten met een boek op de schoot. Krylov oogt als
een saaie klerk, maar in hem schuilt een rasverteller die het tot
keizerlijke bewondering brengt. De beginregels van zijn fa-
bels zitten in het hoofd van menige Rus. Zijn tijdgenoten bewonderen hem zelfs in dichtvorm en uiteraard is dat gedicht
opgenomen in mijn blauwe gids.

Goedhartig glimlachend en met vriendelijke blik
verhaalt hij, met kalme woorden van een wijze
en op ons neerkijkend vanaf zijn hoge zetel,
van vreemde streken en domheden van dieren,
en allen rond hem lachen, zelf heeft hij binnenpret.
(A.N. Majkov)

Het Tsarenveld en later het Marsveld genoemd strekt zich uit
aan de kant van de Zomertuin waar het smalle Lebjazji-
kanaal stroomt. In de tsarentijd is dat de plek voor de grote
parades. De revolutie heeft daarna bezit genomen van het veld
voor het eren van de slachtoffers van de revolutie en de burgeroorlog die er op volgde. De eerste eeuwige vlam in het
Russische rijk is hier ontstoken. Natuurlijk zijn de revolutie
en de burgeroorlog een belangrijk deel van Ruslands geschiedenis. Een ereveld is op zijn plaats. Alleen is het tot de omwenteling van 1991 een eenzijdig ereveld. Dit is het ereveld
van de Roden en niet van de Witten. De gedenktekens spreken nog altijd duidelijke revolutionaire taal.

Aan het eind van het veld toornt het immense kleurrijke, maar ook angstaanjagende Michajlovskikasteel massief omhoog. Het is een merkwaardig bouwwerk middenin de stad. De al eerder aangehaalde tsaar Paul I heeft zijn zinnen er op gezet een eigen stempel te drukken op de invulling van de keizerlijke hoofdstad. Het is geen paleis, het is een fort, een kasteel, omringd door water.

De tsaar is een liefhebber van parades en is een van de intensieve gebruikers van het Marsveld. Vanuit zijn nieuwe kasteel heeft hij dagelijks zicht op de parades.

Hij is de enige bewoner geweest van dit fort. Hij is de bastaardzoon van Catharina de Grote. Tsaar Peter III (1728-1762) is volgens zijn moeder niet de echte vader, maar haar minnaar Sergej Saltykov. De relatie tussen moeder en zoon is nogal stormachtig. De buitenechtelijke zoon heeft voortdurend het idee dat hij het doelwit is van een aanslag. Het komt toch nog goed tussen beiden en de keizerin schenkt haar zoon het ene na het andere buitengoed, Pavlovsk en Gatsjina, die meer de moeite van een bezoek waard zijn dan dit onhandig grote lompe kasteel.

Zijn eigengereide gedrag schenkt Paul weinig vrienden. Het kasteel geeft het karakter van de tsaar goed weer. Het is koud, van binnen en van buiten. Het is nu uiteraard een museum, want enige andere functie kun je er nauwelijks aan geven. Maar binnen begrijp je weer niet wat men met het museum wil laten zien. Het is groot. Maar dat is in Petersburg niet uitzonderlijk. De zalen zijn wat kaal. Ook hier wordt de geschiedenis weer enigszins weggemoffeld. Een reden om het kasteel binnen te gaan, afgezien van architectonische interesse, zou kunnen zijn om een blik te werpen in de slaapkamer waar de tsaar is vermoord door handlangers van zijn zoon en opvolger, tsaar Alexander I (1777-1825). Maar helaas er is nergens een verwijzing te vinden naar de plek waar het zoveelste familiedrama binnen de Romanovdynastie plaatsvindt.

Een van de suppoosten zegt nors: 'Pavel Petrovitsj is niet vermoord en de slaapvertrekken ondergaan een restauratie.'

Een andere suppoost wenkt ons stilletjes naderbij en wijst op de deur opzij van de troonzaal. 'Hier achter is een gang en die gaat naar de slaapkamer waar hij is vermoord. Maar dat deel is voor het publiek gesloten.'

Tsaar Paul zet negen kinderen op de wereld, onder wie zijn lievelingsdochter Anna die zal worden uitgehuwelijkt aan de Nederlandse koning Willem II. En zo komen de Oranjes ook met één been in de Romanovmisère te staan. Daar staan we nog bij stil als we aankomen in het weelderige Petersburg buiten de stadsgrenzen (hoofdstuk 4).

Paul is eigenlijk een wat trieste tsaar. Hij treedt pas aan als hij 42 jaar is en hij geniet maar vijf jaar (1786-1801) van de macht.

Zijn kasteel, toch al niet gezellig ogend, is na de moord helemaal gedoemd. Er is geen Romanov die er wil wonen. Uiteindelijk krijgt het complex in 1819 de functie van genieschool. Hier krijgen officieren hun opleiding in de nieuwe technieken die hard nodig zijn voor het leger. Het is voor de adellijke families prestigieus hun zonen daar in opleiding te krijgen. Zelfs de beroemde schrijver Dostojevski raakt er verzeild. Hij noemt zijn militaire carrière een ramp. Zes jaar worstelt hij met de materie. Steeds meer tijd doorbrengend in theaters en in literaire clubs, sleept hij zich naar het einde van zijn ingenieursopleiding. Na een half jaar actieve dienst zet hij een punt achter zijn militaire loopbaan. 'Ik kots van de militaire dienst, zoals ik kots van aardappelen,' schrijft hij opgelucht aan zijn broer als hij zijn uniform definitief heeft uitgetrokken.

Was tsaar Paul het resultaat van het onstuimige liefdesleven van Catharina, aan de andere kant van het Marsveld ligt een ander bewijs dat Catharina haar minnaars wist te waarderen. Graaf Grigori Orlov kreeg voor zijn liefdesdiensten het Marmeren Paleis. Een wat rechthoekig, niet al te protserig ogend paleis, waar kunst uit de twintigste eeuw uit de magazijnen van het Russisch Museum nu een plek heeft gekregen. De communisten ontsieren eerst decennia lang het gebouw door er het Leninmuseum in te vestigen. Ik heb het nog gezien met op de binnenplaats een gepantserde wagen waarin Lenin zich door de stad zou hebben bewogen in de dagen van de revolutie.

Op die plek staat nu een van de meest omstreden monumenten van de stad. Tsaar Alexander III (1845-1894) zittend, uiteraard, op een paard. Het beeld staat tegenover een schepping van Andy Warhol, een lachende draak. Beide kunstwerken werken op de lachspieren. Mijn blauwe gids maakt in 1903 er trots melding van dat een monument voor de vader van de dan regerende tsaar Nicolaas II in aanbouw is op het Znamenskajaplein. Het neerpoten van het gevaarte zal vier jaar in beslag nemen. Op 23 mei 1907 is Alexander de derde tsaar die op een paard in de hoofdstad wordt vereeuwigd.

Elke reiziger die aankomt op het Nikolajevstation (nu het Moskoustation) op het Znamenskajaplein (het latere Vostannijaplein, het Plein van de Opstand) wordt onmiddellijk met hem geconfronteerd. Een massieve tsaar op een soort Zeeuws trekpaard. Zijn zoon tsaar Nicolaas II heeft lang geprobeerd de schepping van Paolo Troebetskoj tegen te houden. Hij overweegt het beeld aan de Siberische stad Irkoetsk te schenken. Als hij hoort dat het publiek daar grappen over maakt ('De tsaar verbant zelfs zijn eigen vader naar Siberië') zwicht hij mede onder druk van Maria Fjodorovna, de weduwe van Alexander III, die het een prachtig beeld vindt.

Maar eenmaal op zijn plek blijft de schepping een bron van spot.

> *Op het plein staat een sokkel,*
> *Op de sokkel, een nijlpaard,*
> *Op het nijlpaard, een idioot.*

Aldus rijmt het volk oneerbiedig over de tsaar die na de moord op zijn vader Alexander II besluit terrorisme in zijn land met bruut geweld neer te slaan. Een stroom van doodvonnissen en verbanningen naar Siberië moet het land weer in het gareel brengen na een tijd van liberalisering. De tsaar draait de hervormingen van zijn vader voor een groot deel terug en hij herstelt de absolute macht.

Is dat wat de kunstenaar heeft willen zeggen? Een politieke boodschap? Troebetskoj is de zoon van een Amerikaanse moeder en een Russische edelman, maar hij heeft geen enkele binding met Rusland. Hij leeft in Italië. Gevraagd naar de boodschap achter zijn plompe monument zegt hij: 'Ik ben niet geïnteresseerd in politiek. Ik heb eenvoudig het ene beest op het andere gezet.'

Na de revolutie blijft het beeld jarenlang onderdeel van volksspot en gaat het door het leven als 'de vogelverschrikker' of 'de bruut'. In 1937 komt er een einde aan de publieke bespotting van de bronzen tsaar. Hij verhuist naar de vergetelheid, de tuin van zijn eigen Alexander III-museum dat intussen door de communisten ook al is omgedoopt in het Russisch Museum. De officiële reden is dat de trams over de Nevski Prospekt een vrije doorgang moeten hebben via het plein.

Het vreemde is dat ondanks de spot en de plompheid van het monument veel Petersburgers, toen Leningraders, tegen het verwijderen van het beeld zijn. In hun ogen ligt de toekomst van de stad verankerd in de permanente en nadrukkelijke aanwezigheid van vier tsaren in het stadsbeeld. De Bronzen Ruiter Peter de Grote aan de Neva, de elegant steigerende Nicolaas I op het Isaacsplein, de pronte bronzen Catharina de Grote voor het Poesjkintheater en de massieve Alexander III voor het Moskoustation. Alle vier tsaren met een ijzeren vuist. Het weghalen van een van de vier wijst op naderend onheil en wellicht de ondergang van de stad. Vier jaar later is het bijna zover als de stad omsingeld door Duitse legers langs de rand van de afgrond gaat.

Alexander III is op deze plek voor het Marmeren Paleis terug in het straatbeeld, weliswaar niet prominent, maar hij is weer zichtbaar voor wie dat wil. En dat brengt het vertrouwen in de toekomst van Petersburg terug.

Het blauwe boekje kan me even gestolen worden. Moskou is een wandelaarsonvriendelijke stad, Petersburg is een stad om in rond te zwalken, maar de afstanden zijn aanzienlijk. Ik verlaat tsaar Alexander om over de nabije Drievuldigheidsbrug terug te gaan naar mijn uitgangspunt, het metrostation Gorkovskaja. In de Sovjetjaren was Petersburg net als alle andere grote Sovjetsteden een ramp. Nergens een koffiebar om even op adem te komen. De tijden zijn veranderd. Petersburg is zijn tijd stevig aan het inhalen. Koffiebars overal. Dat geeft ook even de gelegenheid om het blauwe boekje nog wat nader te bestuderen. Het valt op dat ook al meer dan honderd jaar geleden de schrijvers ervan uitgaan dat de toerist niet geïnteresseerd is in het gewone Petersburgse leven. De excursies gaan alleen over musea, paleizen, monumenten en kerken. Tussen al die monumenten moeten ook nog gewone mensen leven. Vandaag is het niet veel anders. Petersburg is een groot museum. Permanent wonen in een museum moet ongemakkelijk zijn.

Ik besluit achter de Peter- en Paulsvesting om aan mijn volgende wandeling te beginnen zoals aangegeven in het blauwe boekje. Dit zijn de straten waar de gewone Petersburgers wonen. De straten hebben de grandeur van Parijse buurten, maar het achterstallig onderhoud is overal zo manifest dat wonen hier een nachtmerrie moet zijn.

In de Sitninskajastraat, weten we, is van oudsher een grote markt. Hij is er nog steeds. In de Sovjettijd is het een zogenaamde kolchozmarkt. Hier kunnen de boeren de producten verkopen die zij op hun privégrond verbouwen. Exotische waar uit de zuidelijke en Aziatische republieken van de Sovjet-Unie vindt hier ook haar weg naar de klant. De kolchozboeren zijn verdwenen, maar de markt is er nog steeds. Het is nog altijd een bedrijvig geheel.

De minder fraaie kanten van de Poetinjaren hebben ook hier hun sporen achtergelaten. De 'zwarten' uit Centraal-Azië hebben ook op deze markt te lijden gehad onder maatregelen om hun aanwezigheid terug te dringen ten gunste van etnisch

Russische handelaren. De markt vertoont verdacht veel lege plekken. De geurende kruiden aangeprezen te krijgen door een Rus in plaats van iemand uit Centraal-Azië is vreemd. De Petersburgers, net als de Moskovieten, klagen over de prijzen. De 'zwarten' kregen er per definitie de schuld van de prijzen op te drijven, maar nu de markten gerussificeerd zijn is dat fenomeen niet verdwenen. In een land met een inflatie van ergens tussen de tien en twintig procent is dat niet verwonderlijk.

Maar het blauwe boekje wil niet dat ik blijf verwijlen tussen het gewone volk. Ik moet de geschiedenis in, die volgens mijn gids is opgebouwd uit gebouwen. Over de Beursbrug die de Kleine Neva overspant kom ik op het Vasiljev-eiland, het grootste eiland in de Nevadelta. Na de mislukte poging om op het Petrograd-eiland een centrum voor zijn stad te bouwen gelooft tsaar Peter dat dit grote eiland stevig genoeg is voor een grandioos centrum. Ook dat blijkt een misvatting. Ook hier is het te nat en de ondergrond te slap. Pas na Peters dood durft men de plannen opnieuw bij te stellen en komt het centrum aan de overkant rond de Admiraliteit.

Er zijn wel prachtige gebouwen verschenen op het eiland, dat op de kop gemarkeerd wordt door twee nutteloze vuurtorenachtige pilaren. De zogenoemde Rostralpilaren komen er in 1810. Ze moeten symboliseren dat Rusland een zeemacht is. In dezelfde periode komt het beursgebouw gereed dat allang zijn functie heeft verloren. Van oudsher is er het marinemuseum in gevestigd. Het is een beetje een suf museum, voornamelijk opgebouwd uit scheepsmodellen. Er gaan stemmen op de beurs weer haar oorspronkelijke functie als handelsplaats terug te geven. Een stuk onroerend goed op deze plek in de historische stad is uiteraard goud waard. Er is dan ook een bikkelharde strijd gaande.

Die strijd zal de bruidjes aan de overkant onder de Rostralpilaren worst zijn. Als je bloemen hebt gelegd bij het monument van Peter de Grote, dan is de kop van het Vasiljev-eiland de volgende stopplaats. Hier gaan de champagneflessen open.

Afdalen naar de lage kade aan de Neva, vuurwerk afsteken, foto's maken en vooral veel champagne drinken is het ritueel. Politieagenten hebben ook hier vooral op zaterdagen hun handen vol de bruiloftsgasten in toom te houden.

Ik schiet altijd achterom en ga niet langs de Nevakade zoals het blauwe boekje mij voorschrijft. In de straatjes achter het douanegebouw heerst de rust van de grote stad. Ik kijk de Tamozjnajastraat (de Douanestraat) in. Aan het eind zie ik zoals altijd een rij staan voor de ingang van de Kunstkammer, tsaar Peters rariteitenkabinet. Het is het oudste museum van de stad. De tsaar wil zijn onderdanen laten delen in zijn verbazing over wat hij allemaal heeft aangetroffen op zijn reizen door Europa. Embryo's op sterk water, skeletten en andere semiwetenschappelijke attributen zijn er te vinden. De hele expositie ademt de sfeer van een tsaar die op alle terreinen der wetenschappen een intense belangstelling had op het niveau van een goedwillende amateur.

In de straat zijn in de moderne tijden twee bijzondere restaurants verschenen; 'Tamozjny' (het Douane-restaurant) en 'Restoran' (Restaurant). De naam volstaat. De gast kan hier van de verfijnde Russische keuken genieten en zich laten verleiden tot een zeer breed assortiment van huisgestookte wodka, samogon. Mijn blauwe boekje komt er zelfs niet aan toe restaurants te vermelden. Zeker in de dagen waarin de gids is gepubliceerd pochte de stad nogal met zijn op Frankrijk gerichte keuken, terug te vinden in talloze toprestaurants.

Langs de Nevakade volgt een aaneenschakeling van historische gebouwen. De universiteit die tsaar Peter sticht, uiteraard geflankeerd door het standbeeld van Michail Lomonosov (1711-1765). Hij wordt gezien als de vader van de Russische wetenschap. Hij is een veelzijdig mens. Niet alleen de wetenschap, maar ook de kunsten praktiseert hij. Russen eren hem tot op de dag van vandaag. Ook als ik er langs loop liggen er verse bloemen aan zijn voeten.

De landtong onder de poolkap die moet bewijzen dat slechts Rusland recht heeft op het eigendom van de Noordpool heeft onder meer zijn naam gekregen, de Lomonosov-rug. In 2007 plant een expeditie op vierduizend meter diepte een titanium vlaggetje met de Russische driekleur op de rug, ten teken dat de Russische claim serieus is.

Over het paleis van Aleksandr Danilovitsj Mensjikov (1673-1729) is volgens mijn blauwe gids niets bijzonders te vertellen. Anders dan dat na de dood van de prins de kadettenopleiding van het leger hier is gevestigd. Dat is wel heel kort door de bocht met de geschiedenis. Helaas is maar een klein deel van het paleis teruggebracht in zijn oorspronkelijke staat. Maar hier is veel gebeurd. Hier hebben ambassadeurs op hun knieën tsaar Peter gesmeekt of de volgende drankbeker aan hen voorbij mocht gaan. Eindeloze slemppartijen waren er in de ontvangstzaal die kleiner is dan je uit de verhalen zou opmaken. Prins Mensjikov is Peters duvelstoejager. Letterlijk van de straat opgevist in Moskou weet deze pirogi-verkoper (pirogi = pasteitjes) het te brengen tot vertrouweling van de tsaar.

Zijn paleis is het eerste dat aan de oevers van de Neva verschijnt. De barokke stijl met eindeloze tierelantijnen geeft aan dat de prins een redelijke parvenu is. Hij dient de tsaar in alle zaken en is een gewillig uitvoerder van het grillige beleid. Hij staat zelfs zijn vriendin af aan de tsaar, de latere tsarina Catharina I. Zijn ongebreidelde macht misbruikt Mensjikov op fantastische wijze. Hij is de belichaming van de Russische corruptie. Hij is onverzadigbaar in het vergaren van rijkdom.

De tsaar ziet veel door de vingers omdat beiden dezelfde liefde hebben: drank en vrouwen. Ook de liefde voor platte humor delen zij. Als de tsaar weer eens boos is op zijn prins verrast deze hem met een bezoek in het kostuum van een pirogi-bakker. De tsaar is ontwapend. Een andere keer wil de tsaar ernst maken met de strijd tegen de corruptie. Hij wil als eerste zijn prins aanpakken. Deze maakt opnieuw een ontwapenend gebaar: 'Goed, ik heb gestolen. Ik zou zelf niet weten hoeveel. Maar kijk om u heen als u iedereen die corrupt is in uw rijk wil ophangen, dan houdt u geen onderdaan meer over.'

Maar in zijn laatste levensjaar is het geduld van tsaar Peter op. Hij ontheft de prins van al zijn functies. Hij mag zijn paleis en rijkdom houden. Nog één keer maakt de prins een comeback. Als Catharina aan de macht komt laat ze het regeren over aan haar vroegere minnaar. Ook haar opvolger Peter II maakt aanvankelijk nog gebruik van zijn diensten, maar als het stelen en het 'generalissimo-gedrag' het hof te veel wordt is het gedaan. De prins, altijd met goud en diamanten behangen, moet zijn paleis en rijkdom inleveren. Siberië is zijn eindbestemming. Hij eindigt er in 1729 op een klassieke Russische wijze zijn leven, als alcoholist.

Voor zijn paleis kijk ik uit over de Neva. De avond valt. Ik zie aan de overkant de Bronzen Ruiter en stel me voor hoe tsaar Peter strompelend uit dit paleis zich heeft overgegeven aan zijn zoveelste bacchanaal. Er is een verhaal dat hij ter viering van de overwinning op Perzië zijn entourage en internationale dignitarissen een week in dit paleis heeft vastgehouden om te drinken op de overwinning en de toekomst van het Russische rijk en zijn paradijs, Sint Petersburg.

Misschien kun je deze stad alleen maar beleven in een alcoholische roes. Maar komt er ooit een einde aan die roes? Nog een keer Fjodor Dostojevski. Hij denkt aan het einde ter tijden voor deze stad als hij de volgende regels schrijft:

Als de mist verwaait en opstijgt, verdwijnt daarmee dan niet deze hele rotte, glibberige stad, verheft zich samen met de mist en verdwijnt als rook, en resteert het vroegere Finse moeras, met in het midden, ter versiering, de bronzen ruiter op een zwaar hijgend, opgejaagd paard?

In Petersburg wandel je als in een museum

De symbolen van de keizerlijke macht op het Paleisplein

Hoofdstuk 4

Het dorp van de tsaren

Het is een eenvoudig Andreaskruis met de simpele tekst: 'Dit is het huis van de familie van tsaar Nicolaas II van 1895 tot 1917.' 'Obrazets Pravoslavija' staat er onder de familiefoto geschreven. Nicolaas was een voorbeeld voor het recht-geaarde geloof, zoals het orthodoxe christendom in het Rus-sisch wordt aangeduid. Een paar honderd meter verderop gaan grote groepen toeristen aan dit nietige en provisorische gedenkteken voorbij. De toeristen willen Tsarskoje Selo zien. Letterlijk vertaald: het tsarendorp, een van de keizerlijke aan-hangsels van Sint Petersburg. De toeristen komen voor de pracht en de praal van het Catharinapaleis met zijn klater-goud en wondermooie tuinen.

Niemand heeft oog voor de ruïne van het Alexanderpaleis, in de schaduw van het protserige complex dat staat te pron-ken met zijn rijkdom in het aangezicht van camera's uit heel de wereld. De tuinen rond dit paleis liggen er verwaarloosd bij. Negentig jaar na zijn dood weten de Russen nog altijd niet hoe zij hun laatste tsaar Nicolaas II in de geschiedenis moeten plaatsen. De kerk heeft hem heilig verklaard. In het Peter- en Paulsfort hebben hij en zijn gezin eindelijk rust ge-vonden. Hier, rond de ruïne van het Alexanderpaleis, voel je het drama van dit idyllische gezin met een vader en een moe-der die eendrachtig op een bijna excentrieke wijze, niet alleen zichzelf maar ook het Russische keizerrijk om zeep hebben geholpen. Of speelden ze slechts een dramatische bijrol in het noodlot dat Rusland trof?

In de ideologie die het Kremlin vandaag aanhangt is er geen plaats voor een 'verliezer' als tsaar Nicolaas. De winnaars uit de Romanovdynastie mogen in het huidige Rusland worden bewierookt. Peter de Grote, Catharina de Grote, Nicolaas de

Eerste, Alexander de Eerste en de Derde krijgen krediet voor de wijze waarop zij het grote rijk uitbouwden, verdedigden en het land zelf 'stabiliseerden' met ijzeren vuist. In de huidige geschiedenisboekjes mag zelfs dictator en massamoordenaar Jozef Stalin op enige sympathie rekenen. Sprekend over Stalin zei de tweede president van Rusland, Vladimir Poetin: 'Er zijn niet alleen maar zwarte bladzijden in de geschiedenis van Stalin. In het algemeen zijn er gelukkig in de Russische geschiedenis minder zwarte bladzijden dan in de geschiedenis van menig ander Europees land.' Selectieve kennis van de eigen geschiedenis heerst zelfs tot in het hoogste echelon van de macht in dit land.

Kennelijk hangt er in Rusland ook een mythe rond het woord *stabilnost*. Het huidige regime heeft het woord gretig overgenomen uit de tsarenjaren, althans die jaren, die worden aangeduid als stabiel en glorierijk. Stalin mag zich in dat kader onder de tsaren scharen. Dat de nu geëerde tsaren de eersten waren die kennismaakten met het fenomeen terrorisme in de wereld blijft in de officiële geschiedschrijving onvermeld. Stabiliteit en terrorisme bestaan tot op de dag van vandaag naast elkaar in Rusland.

Nicolaas II regeerde over een onrustig land. De versnelde industrialisering. Het enorme gat tussen rijk en arm. De Europese invloeden van democratisering en sociale revolutie voltrokken zich buiten de omheining van het Alexanderpaleis. Tsaar Nicolaas, zijn vrouw Alexandra Fjodorovna en de kinderen Olga, Tatjana, Maria, Anastasija en tsarevitj Alexis leefden hier hun eigen leven. Het ideale gezin dat zich dompelde in een sfeer van geluk en devotie tot het geloof. Een tsaar en een tsarina die in een diepe liefde voor elkaar en hun gezin vergaten te regeren over het rijk. Van het ene op het andere moment overgeleverd aan de wil van een revolutionair, ontketend volk. Gevangenen in hun eigen paleis, verbannen naar Tobolsk in Siberië. Vernederd en uiteindelijk op een mensonwaardige wijze afgeknald in een kelder van een patriciërshuis in Jekaterinenburg. Zonder enige ceremonie gedumpt in een verlaten mijnschacht om er bijna een eeuw later te worden gevonden. Onderworpen aan DNA-testen bleken de in de Oeral gevonden botten afkomstig van de Romanov-familie.

Het hele gezin van de tsaar heeft het lot dat hen trof ondergaan met een merkwaardige gelatenheid. In de steek gelaten door het eigen volk. Verstoten door de familieleden die hun gekroonde hoofden in Engeland en elders niet wilden wagen aan een reddingsactie voor het leven van een gezin. Het redden van een tsaar, die noch liberaal, noch autoritair, maar vooral ongeschikt was om een wereldrijk te leiden. Dat Alexandra afkomstig was uit het Duitse vorstendom Hessen was mede de oorzaak van de terughoudendheid een helpende hand toe te steken. Haar connectie met de familie van de Duitse keizer maakte haar tot een paria van de Europese vorstenhuizen en regeringen.

Uit de archieven blijkt, dat Alexandra haar liefde voor Duitsland al heel snel heeft ingeruild voor haar liefde voor Rusland. Ze vond hier het familieleven waar ze als kind in het koele Hessen van droomde. Ze bekeerde zich tot het orthodoxe geloof en was een meer toegewijd gelovige dan menige Rus. Het bericht dat de vader van de revolutie, Vladimir Lenin, in Brest een zeer nadelige vrede had gesloten met de Duitse keizer ontlokte haar de kreet: 'De revolutie pleegt hoogverraad. Mijn Nicolaas zou een dergelijke vrede nooit hebben geaccepteerd.'

Maar alles begon hier in Tsarskoje Selo. Die hele lijdensweg die eindigde in een catastrofe. Daarom loop ik hier. Er zijn maar weinig plekken op de wereld waar een dramatische ontwikkeling van de geschiedenis zo voelbaar is als hier. En waar het contrast tussen de helden en antihelden meer tastbaar is. Het is bovendien een plek waar wederom Petersburg de lijn doortrekt naar zijn verbondenheid met de dood en de dreigende ondergang.

Prins Michael van Griekenland heeft kennelijk iets goed willen maken voor het falen van de familie het gezin van Ni-

colaas te redden. Hij was de eerste die als familielid in de nadagen van het communistische rijk toegang kreeg tot de archieven waar wonder boven wonder, wellicht voor het eerst
in de geschiedenis, het leven van een tsaar niet alleen in woorden, maar ook in beelden zichtbaar werd. Met wat hij aantrof
in het archief stelde hij begin jaren negentig een familiealbum
samen dat niet alleen ontroerend is om naar te kijken, maar
zich ook laat lezen als een dramatische roman. Het album
vertelt het verhaal waarom dit kwetsbare gezin de roerige tijden van het begin van de twintigste eeuw niet kon overleven.

Prins Michael is de kleinzoon van groothertogin Olga en
daarmee een directe afstammeling van de Romanovs. Hij
werd geboren in Rome en groeide op in Parijs. Hij legde zich
toe op het schrijven van historische boeken en ook, een fa-
milietrekje, de fotografie. Hij vond een schat aan materiaal
in de archieven. Tussen 1917 en 1920 heeft een speciale groep
experts alle paleizen van de Romanovs zorgvuldig uitgekamd
op zoek naar documenten die van historische waarde zouden
kunnen zijn. In 1930 werd al het gevonden materiaal keurig
bijeengebracht. Eerst in het 'archief van het feodale slaven-
tijdperk'. Het archief kreeg tijdens de perestrojka onder de
laatste Sovjetleider Michail Gorbatsjov een wat geciviliseer-
dere naam, het 'staatsarchief voor oude documenten'.

De Romanovs waren er door hun hele geschiedenis heen
als de kippen bij als er zich nieuwe ontwikkelingen voordeden
in de wereld. Al onder tsaar Alexander III werd de fotografie
aan het hof geïntroduceerd met een ongekend fanatisme. Zijn
zoon Nicolaas II zette die lijn voort.

Het album dat prins Michael samenstelde uit die foto's laat
vrolijke kinderen zien en een tsaar die er niet voor terugdeinst
naakt te zwemmen en het in die dagen kennelijk ook normaal
vindt in die pose te worden gekiekt door zijn kinderen. Elk lid
van het gezin had zijn camera. Dat leverde honderd foto-
albums op met ieder honderd tot vijftienhonderd foto's. Behalve dat waren er ook nog duizend losse foto's.

Het in de albums plakken van de foto's was een familieaangelegenheid waaraan zelfs de tsaar zelf meedeed. Dat detail kon prins Michael achterhalen omdat tsaar Nicolaas op zijn 14e jaar begon met het bijhouden van een dagboek, en hij sloeg 36 jaar lang tot aan zijn dood geen dag over. Hij pende niet altijd grote gedachten neer. Soms waren het simpele droge mededelingen: 'Vanavond foto's in het album geplakt...' De absolute leider van het machtigste land ter wereld plakt 's avonds foto's in albums. Kan het huiselijker? Nee, en die sfeer tref je zelfs vandaag nog aan in en rond het Alexanderpaleis.

Behalve het dagboek is er ook de briefwisseling tussen de tsaar en de tsarina die een beeld schept van een gepassioneerde liefde tussen de twee. Maar ook een beeld van twee mensen die zichzelf inkapselden in een wereld die voor anderen praktisch ondoordringbaar was. Het echtpaar ontnam zichzelf steeds meer het zicht op de wereld die angstig snel aan het veranderen was.

Met het beeld van de familiefoto's in mijn hoofd loop ik hier rond. Ik zie door de bomen groepen Japanse toeristen achter een gids aan sjokken die een vlaggetje omhooghoudt. Waarom brengt de gids haar Japanse groep regelrecht naar het Catharinapaleis en niet naar deze ruïne die juist ook in de Japanse geschiedenis een grote rol heeft gespeeld? In 1905 wilde de naïeve Nicolaas in de voetsporen treden van zijn robuuste voorgangers. Hij bedacht in het Verre Oosten af te rekenen met de Japanners om de grenzen van zijn rijk nog verder te verleggen naar het oosten. Hij dacht dat het een oorlog zou worden van hooguit enkele weken. Hij rekende op een heldendaad die hem in de geschiedenis op gelijke hoogte zou brengen met vele van zijn illustere voorgangers.

Die enkele weken werden hem niet eens vergund. Zijn misrekening eindigde in enkele dagen nadat de Japanse oorlogsvloot de Russische vloot volledig in de pan had gehakt. De Japanse toeristen zijn kennelijk ook niet geïnteresseerd in deze glansrijke overwinning in hun geschiedenis en zeker al niet in de vraag: die Nicolaas, wat of wie was dat eigenlijk? De Japanse toeristen en hun Russische gids wandelen opgewekt ka-kelend aan die vraag voorbij.

In dat jaar 1905 eindigde ook een arbeidersopstand in Sint Petersburg in een drama. De arbeiders wilden de tsaar smeken om een beter leven. Zij trokken op naar het Winterpaleis met iconen en portretten van de tsaar. Nog voordat zij het Paleis-plein bereikten rekenden de veiligheidstroepen met hen af. De tsaar verkoos de isolatie van Tsarskoje Selo boven een gesprek met de vertegenwoordigers van zijn ontevreden burgers. In de beslotenheid van hun eigen wereld treurde hij met zijn vrouw om de honderden doden die er vielen in Petersburg. God maakte hem het leven niet makkelijk, maar dat kruis diende hij als erfgenaam van een autocratisch machtssysteem te dragen, was zijn verzuchting.

De viering van het tweehonderdjarig bestaan van Peters-burg in 1903 is een stijve bedoening, omdat de tsaar zich nau-welijks met de stad verbonden voelt. In het familiealbum is een foto opgenomen waarop is te zien hoe de tsaar en zijn echtgenote in een open koets over de Paleisbrug van Peters-burg rijden. Zo te zien als verdwaalden in hun eigen hoofd-stad. Wie de tsaar wil spreken moet naar Tsarskoje Selo. De tsarina Alexandra heeft zich bijna geheel afgekeerd van het mondaine en goddeloze leven in de hoofdstad. Zij wil haar kinderen tegen de 'verwilderde' maatschappij beschermen door hen praktisch in isolatie te houden in Tsarskoje Selo. De herdenking van het driehonderdjarig bestaan van de Roman-ovdynastie in 1913 verloopt al niet veel beter. In Petersburg hangt de sfeer van een naderende catastrofe tijdens de ere-dienst in de Kazankathedraal. In Moskou loopt de herden-king uit op een drama. De tsaar wil goeddoen, maar het ver-strekken van gratis drank en voedsel aan de bevolking eist ontelbare slachtoffers. De tsaar en zijn vrouw betreuren het tragische voorval. Niettemin verschijnen zij met tegenzin op de avond van de catastrofale viering op het bal ter ere van de majesteitelijke hoogheden. Het keizerlijke echtpaar ziet in de gebeurtenis opnieuw een teken dat hun plaats vooral is gelegen op een twintigtal kilometers van de hoofdstad, in de intieme omgeving van het Alexanderpaleis.

In dat paleis schept de tsarina een sfeer van goddelijke devotie. De bloedziekte van de troonopvolger Aleksej brengt haar in de ban van een Siberische *moezjik*, Georgi Raspoetin. Een wilde man, pseudopriester en genezer. Ook wel omschreven als een charlatan, dronkenlap en rokkenjager die het vertrouwen van de tsarina weet te winnen omdat hij een aantal keren een crisis in het ziektebeeld van de tsarevitsj op wonderlijke wijze heeft bezworen. Gebrek aan contact met de buitenwereld is er de oorzaak van dat de ware aard van Raspoetin voor de keizerlijke familie verborgen blijft. Ook dat eindigt in een drama (zie hoofdstuk 6).

Het Alexanderpaleis is voor het gezin een plek met een menselijke maat. De vleugel waar de familie woonde is min of meer opgelapt, al kun je het geen restauratie noemen. Het is gebeurd met fondsen van particulieren, want de officiële overheid zit nog altijd te dubben over de vraag wat ze met de laatste tsaar aan moet. Met de hulp van het familiealbum kun je je toch een beeld scheppen van het leven van dit wonderlijke gezin. De kamer waar de tsarina ontvangt hangt vol met iconen. De muren zijn er weer volgehangen met iconen al zijn het niet dezelfde van toen. De kamer waar wordt gemusiceerd ademt nog altijd de sfeer van de kunstzinnige familie. De lichte hoekkamer voor de kamerconcerten was een geliefde plek voor iedereen. In de paradekamer ontving de tsaar.

Bijna niets van wat we zien is origineel. Na de verbanning naar Siberië hebben de revolutionairen hun woede op de tsaar gekoeld door alles wat van waarde was te stelen, kapot te slaan of te verpatsen. Zo ongeveer alles is een kopie van wat het geweest moet zijn. Wat na de revolutie nog restte is door de Duitse troepen in de Tweede Wereldoorlog geroofd of vernield. Na de oorlog was het paleis gedoemd in de vergetelheid van de geschiedenis te verdwijnen. Ook de communisten hadden geen behoefte aan een restauratie van de herinnering aan een tsaar die niemand lief had. De communisten hadden en hebben tot op de dag van vandaag het probleem dat zij niet kunnen uitleggen waarom een heel gezin zonder vorm van proces is vermoord. De moord zette een trend voor een systeem waarin het leven van de individuele mensen geen enkele rol meer speelde.

Men heeft nog wat boeken teruggevonden die afkomstig zijn uit de rijke bibliotheek van het paleis. Ik zie een aantal delen van *De geschiedenis van Portugal* en *De herinneringen aan koningin Christina*. Vooral dankzij de foto's heeft men iets van de sfeer van vroeger terug kunnen brengen. De kamer waarin tsarina Alexandra huisarrest had in 1917 ademt de sombere sfeer van haar toekomst en die van haar gezin.

Er zijn geen bezoekers, ondanks dat het Russisch Pasen is. Ik dwaal er alleen rond en kan geen afscheid nemen van de plek. Een van de suppoosten ziet mijn aarzeling een stap verder te gaan. Ze heet Irina en komt naast me staan als ik wat wezenloos de paradekamer in staar. Ik zie een biljart. Het grote bureau van de tsaar, de banken, het plafond en de lambriseringen. Wat overheerst is een droeve donkerrood gekleurde houtsoort. 'Het is allemaal nieuw. Het is speciaal hout uit Tsjechië waar de tsaar zeer op gesteld was,' zegt Irina. Er valt een stilte.

Het is alsof de tsaar elk moment kan binnenkomen. De gezellige huisvader uit het familiealbum. Een man die niets in zijn karakter van zijn voorvaderen heeft geërfd. Het leger had wel zijn interesse, maar zelfs in uniform straalde hij niet de militaire leider uit, zoals zijn plompe vader Alexander de Derde bijvoorbeeld. Er zijn in het album veel foto's te vinden van uitstapjes met het keizerlijke jacht de Sjtandart. Zo noemde ook Peter de Grote zijn eerste schip. Maar was Nicolaas ook verliefd op de zee zoals zijn grote voorganger? Kijkend naar de foto's lijkt de pleziervaart hem meer te hebben geïnteresseerd dan de oorlogsvloot.

Hij ontvluchtte de paleizen in de stad. Hij meed de pracht en praal van het Catharinapaleis. Zijn moeder Maria Fjodorovna had er van het begin af aan al geen vertrouwen in dat haar zoon een overtuigend absoluut heerser zou zijn. De vlucht van haar zoon naar Tsarskoje Selo en het kleine Alexanderpaleis heeft zij tot het laatste moment proberen te voorkomen.

Irina: 'Ik werk nu vijf jaar in het Alexanderpaleis en in die jaren ben ik steeds dichter bij de familie gekomen. Het is zo jammer dat maar weinig mensen hier naartoe komen. Russen kennen hun geschiedenis niet en buitenlanders zien liever gouden koepels en balzalen met Italiaans parket. Ik heb nooit het gevoel dat ik naar mijn werk ga. Ik ga op bezoek bij een familie met wie ik vertrouwd ben geraakt. Ik heb alle foto's in mijn hoofd. Ik ken elke plek waar die foto's zijn gemaakt. Gek, soms hoor ik het vrolijke gestoei van de meiden. De prinsessen waren gek op elkaar. Dat zie je op de foto's en stuk voor stuk stralen ze een enorme schoonheid uit. Ja, bij elke steen, op elk plekje in dit paleis voel ik hun aanwezigheid, ondanks dat het grotendeels een ruïne is.'

Waarom is ze dichter bij de familie gekomen?

Irina: 'Verplaats je in hun tijd waarin zij geacht werden in weelde te leven. In feite straalt dit paleis eenvoud uit. Een familiehuis voor een groot gezin. Op een steenworp afstand is het weelderige Catharinapaleis dat zij zelden gebruikten. Hier is niets groots of protserigs. Alles is warm en intiem.'

Misschien was Nicolaas te menselijk om tsaar te zijn?

Irina: 'Nu hebben we allemaal de familiefoto's kunnen zien. Toen wisten de Russen niets van het leven van een tsaar. Had men dat wel geweten, dan was dit gezin een voorbeeld geweest voor iedereen. Een harmonieus gezinsleven met een intensieve relatie met God.'

Het is negentig jaar na de dood van het gezin. Weten we alles?

Irina: 'We weten alles, maar er is geen belangstelling voor. Ze zijn op beestachtige wijze vermoord. Maar de staat weigert het hele gezin te rehabiliteren. Het was een politieke moord zonder weerga, iets waarvoor wij ons als Russen collectief zouden moeten schamen. Welk beestachtig regime komt op het idee om onschuldige kinderen om het leven te brengen? Misschien moet dit paleis ook worden gerestaureerd zodat het een soort bedevaartsoord kan worden waar iedere burger zijn boete kan doen.'

Maar de tsaar heeft blunders gemaakt die misschien wel aan honderdduizenden mensen het leven hebben gekost.

Irina: 'De tijden waren moeilijk. De wereld veranderde in snel tempo. Eigenlijk net als nu. We leven opnieuw in een tijd van het verval van normen en waarden. Nicolaas en Alexandra verzetten zich daartegen. Het is een schande dat onze leiders dit paleis niet willen restaureren. Elke dag laten wij een traan. De hele staf hier blijft er voor vechten dat dit familiehuis de plaats krijgt in de geschiedenis van Rusland die het verdient.'

Ik vraag Irina waar de moestuin was. Ze loopt met me naar buiten. Aan de zijkant van het paleis ligt een overwoekerd stuk tuin waar in de loop der jaren spontaan berkenbomen en iepen wortel hebben geschoten. Van de tuin is niets meer te zien. Ik herinner me de foto's uit het album. Na hun huis-arrest in het paleis nam tsaar Nicolaas het initiatief om zijn gezin en de bedienden die hun trouw waren gebleven bezig te houden. Hij kreeg toestemming van de bewakers om naast het paleis een moestuin aan te leggen voor het verbouwen van aardappelen, wortelen en uien, de standaardingrediënten voor de Russische volkskeuken.

Niemand deed het werk kennelijk met tegenzin. Iedereen op de foto's kijkt vrolijk. Zijn dochters, de tsarevitsj, de tsarina en niet in het minst de tsaar zelf. Ik zeg tegen Irina dat ik die foto's uit het familiealbum het indrukwekkendst vind.

Irina: 'Dat begrijp ik. Je voelt bij die foto's de absurde situatie. Op dat moment was er volop gelegenheid, in de periode tussen de troonsafstand van de tsaar en de revolutie, om het gezin te redden van de ondergang. Niemand deed iets. Zij, berustend in hun lot, concentreerden zich op het verbouwen van aardappelen. Die moestuin zou terug moeten komen als een heel bijzonder monument. Deze tsaar heeft geen standbeeld nodig. Die moestuin vertelt zijn verhaal.'

Irina brengt me nog een kamer binnen waar een fototentoonstelling zal komen waarmee de dood van de familie negentig jaar geleden wordt herdacht. De meeste foto's ken ik uit het familiealbum. Tot aan hun afschuwelijke dood bleven ze fotograferen. Een wonderlijke familie. Een van hun moordenaars moet hebben beseft dat hij een rol heeft gespeeld in een van de dramatische gebeurtenissen in de geschiedenis van Rusland. Hij nam een foto van de kelder nadat de lijken waren weggedragen. Bloed en kogelgaten. Prins Michael heeft die foto niet in zijn familiealbum opgenomen. Hij sluit af met het originele protocol dat Jakov Joerovski, die als officier het executiepeloton leidde, opmaakte. Hij somt droog de gebeurtenissen op van 16 juli 1918, de laatste dag in het leven van het keizerlijke gezin. Het was zelfs geen professionele executie. Het was een afslachting die twintig minuten duurde tot uiteindelijk ook de pols van de laatste Romanov niet meer klopte. De executie had geheim moeten blijven, maar uiteindelijk zorgde de perestrojka er voor dat in 1989 het Russische publiek voor het eerst kon lezen wat er precies was gebeurd met hun laatste tsaar en zijn gezin.

Irina heeft gelijk, dit paleis verdient een beter lot en mag niet verloren gaan. Zelfs bij het 300-jarig bestaan van Petersburg konden de autoriteiten het niet opbrengen om in hun officiële herdenkingsboek uitvoerig stil te staan bij dit paleis. Het Alexanderpaleis krijgt slechts een droge beschrijving:

'Het uit twee etages bestaande Alexanderpaleis, ontworpen door G. Kvarengi, is gebouwd van 1792 tot 1800. Het is een voorbeeld van Griekse architectuur. De vleugels zijn verbonden met het hoofdgebouw door een dubbele rij pilaren. De tegenoverliggende vleugel van het gebouw heeft "een compas avant-corps". In 1838 zijn twee bronzen standbeelden geplaatst voor de pilaren. Een uitbeeldend "een jongeling die babki [Russisch volksspel] speelt" (door N.S. Pimenov), en "een jongeling die svajka [Russisch volksspel, gelijkend op ringwerpen] speelt" (door A.V. Loganovski). De binnenplaats is in de negentiende eeuw verbouwd.'

En dat is alles wat het organisatiecomité '300 jaar Sint Petersburg' over dit paleis heeft te zeggen. De andere paleizen van Petersburg krijgen een uitvoerige beschrijving in de gids.

Een vergeten paleis, een vergeten gezin. Ik ruk me toch los uit deze plek en voeg me in de niet-aflatende stroom toeristen op weg naar het Catharinapaleis. Enkele vleugels krijgen opnieuw een grondige restauratie. Nog meer gláns zal er afstralen van dit symbool van de macht. Dit gigantische complex waarmee de tsaren hun medeheersers op de globe de ogen wilden uitsteken.

In het paleis is sinds 1999, na een restauratie van 25 jaar, de barnstenen kamer weer in volle glorie te zien. Het was aanvankelijk het idee van Peter de Grote, opgepikt in Duitsland, om een van zijn paleizen te voorzien van een barnstenen kamer. Barnsteen is een natuurproduct dat niet minder dan 350 kleurschakeringen telt. Goudgeel en honingachtige tinten overheersen. Tsarina Elizabeth liet uiteindelijk de kamer maken in het Winterpaleis, maar besloot negen jaar na zijn voltooiing de kamer toch over te brengen naar het Catharinapaleis in Tsarskoje Selo. Catharina de Tweede verfraaide de kamer met nog meer barnsteen. Twee eeuwen is de kamer zorgvuldig bewaard gebleven.

Het noodlot sloeg toe in de Tweede Wereldoorlog. Hitlers kunstcommissie besloot na het veroveren van Tsarskoje Selo de kamer af te breken en over te brengen naar Duitsland. Eerst naar Königsberg. Dat is zeker. Nadat het Rode Leger Königsberg dreigde in te nemen is de barnstenen kamer ook op reis gegaan, maar niemand weet waarheen. In 1981 besloten specialisten te proberen het kunstwerk uit de achttiende eeuw weer tot leven te brengen in het Catharinapaleis. Het werd een monnikenwerk. Zij gebruikten alleen methoden uit de achttiende eeuw om het barnsteen te bewerken en de parketvloer in een conditie te krijgen zoals Catharina de Tweede ze wenste voor haar barnstenen kamer.

Duitsland schoot in 1999 te hulp als een soort schadevergoeding. Tien miljoen dollar en de vondst van originele fragmenten van een kunstwerk dat in de originele barnstenen kamer heeft gezeten in de collectie van het museum van Dresden zorgden ervoor dat de kamer nu weer in zijn volle glorie is hersteld. Er is geen twijfel over dat de nieuwe kamer een even groot kunstwerk is als de originele.

Ik loop door de tuinen. Ik zie de imposante Camerongalerij. De blauwe kleur en het goud van de hoofdfaçade doen pijn aan de ogen. De talloze hectaren park zijn in hun oorspronkelijke staat teruggebracht. Het is vreemd, maar in Versailles kun je waardevrij rondlopen. De geschiedenis deert je niet, laat staan dat de oorspronkelijke bewoners gevoelens van afkeer of bewondering oproepen. Ik kan een triest gevoel niet onderdrukken als ik hier loop. Hoe vaak heb ik hier al gewandeld?

Nicolaas II kwam in het park als hij voor belangrijke beslissingen stond. Hij besloot in 1914 de wapens op te nemen tegen de Duitse keizer na een lange wandeling in dit park met zijn vrouw. Bij grote uitzondering ging hij naar Petersburg om van het balkon van het Winterpaleis af de oorlogsverklaring af te kondigen. Geschiedschrijvers meldden dat misschien wel een miljoen burgers in een euforische stemming hun tsaar en tsarina zagen als kleine schimmen op dat balkon. Nicolaas en Alexandra trokken uit de ontmoeting met die enthousiaste menigte de verkeerde conclusie. Ze zagen er een bevestiging in van hun absolute macht die steunde op de goedkeuring van het volk. Het was de laatste fatale vergissing van dit dramatische tsarenechtpaar. De tsarina en haar dochters stelden paleizen open om de duizenden gewonden die terugkeerden van het front te verzorgen. Zelf staken ze de handen uit de mouwen als verpleegsters. De foto's laten gewonde soldaten en officieren zien die met verbaasde ogen opkijken naar de adellijke verpleegsters die hun wonden verzorgen. Het vreemde was dat het volk die humane opstelling van de familie niet begreep. Naarmate de oorlog uitgroeide tot een nationale ramp snakte het Russische volk naar een redder. In plaats daarvan kregen zij een tsaar die onder het geweld steeds humaner werd. Van absolute monarch degradeerde hij zichzelf tot een eenvoudig mens. Het werd hem, zijn gezin en zijn land fataal.

Tijdens mijn laatste bezoek aan Tsarskoje Selo is het paaszaterdag. In en rond het kerkje van de heilige Sofia, gelegen tussen het Alexander- en het Catharinapaleis, is het een drukte van belang. Het kerkje, meer een kapel, was een lievelingsplek van het gezin van Nicolaas II. Voornamelijk vrouwen werken hier hard aan het voorbereiden van het paasfeest. paaseieren, paasbrood, kaarsen, alles staat op lange tafels uitgestald. Het zijn vrouwen die wonen in Tsarskoje Selo. Ik vraag ze wat voor hen het belangrijkste is rond het paasfeest. 'Natuurlijk de verrijzenis van Christus, maar ook de directe verbinding met het gezin dat we allemaal lief hebben hier in Tsarskoje Selo,' zegt Lena. Ik kijk verbaasd. Welk gezin? Nu is het haar beurt om verbaasd te kijken. 'Ik zag u uit de richting van het Alexanderpaleis komen. Dat betekent dat u belangstelling heeft voor de familie die wij vereren. De familie van tsaar Nicolaas II.' Ik kijk nog eens aandachtig rond. Op de tafel liggen icoontjes met de beeltenis van de laatste tsaar. Voor deze vrouwen met hun witte hoofddoekjes is de voormalige bewoner van hun dorp al een heilige.

'*Christos voskrese!*' begroeten de vrouwen me. 'Christus is verrezen,' en ik antwoord met: 'Hij is waarlijk verrezen.' Het orthodoxe geloof pakt met Pasen altijd flink uit. Het valt ook samen met het ontluikende voorjaar na de donkere winter. Sinds ik in Rusland ben heb ik ook sterker het gevoel dat na de winter het nieuwe leven weer begint.

Ik herinner me ook dat de beroemde juwelier Peter Carl Fabergé zijn bekendheid dankt aan het feit dat hij voor elk paasfeest een ei maakte dat de tsaar cadeau deed aan zijn vrouw. De vader van Nicolaas, Alexander III, begon ermee. Zijn zoon zette de traditie voort. Hij schonk niet alleen zijn vrouw, maar ook zijn moeder elk jaar een ei. In totaal zijn er 69 gemaakt die allemaal een originele uitvoering hebben. De verblijfplaats van 61 van de eieren is bekend. Geen van de meesterwerken van de Petersburgse juwelier is in de collectie van een van de musea in de stad zelf gebleven. Sommige zijn wel in het Kremlinmuseum in Moskou te zien en ook in het Historisch Museum. Een Russische miljardair, Viktor Vekselberg, sloeg enkele jaren geleden een grote slag. Hij kocht op een veiling in één klap zeven van de eieren die uit particuliere collecties in het buitenland afkomstig waren. Hij telde er 120 miljoen euro voor neer en bracht ze onder in een Russisch fonds.

Ik ga langs de stationnetjes van Tsarskoje Selo en Pavlovsk in de hoop dat daar na jaren nog iets is teruggebracht dat herinnert aan die laatste rit van de familie over Ruslands oudste spoorlijn, die in 1837 een moderne verbinding bracht tussen het Petersburgse Vyborgstation en de paleizen buiten de stad. Hier begonnen zij hun eerste etappe in een geblindeerde trein op weg naar de dood. Er is niets anders te zien dan dagjesmensen en toeristen die, aangevoerd door het lokale treintje, zich komen verpozen. Ze zullen bijna allemaal het Alexanderpaleis en daarmee een belangrijk hoofdstuk uit de Russische geschiedenis overslaan.

Ik besluit toch nog even naar een ander tsarendorp te gaan, het nabijgelegen Pavlovsk. Het dorp ontleent zijn naam aan tsaar Pavel 1, die hier zijn grote buiten liet bouwen. Ik was er voor het laatst in de zomer van 2001 tijdens het bezoek dat koningin Beatrix samen met prins Willem-Alexander bracht aan het paleis van de aangetrouwde familie van de Oranjes. Het paleis en de tuinen, wederom vele tientallen hectaren groot, waren speciaal voor het bezoek provisorisch opgeknapt. Ik wil weten of sindsdien een grondige restauratie dit pronkjuweel onder de paleizen heeft behoed voor de ondergang. Het valt niet tegen, er is heel wat gebeurd zeven jaar later.

De bouw van dit imponerende complex begon al onder Catharina de Grote. Ze schonk het buitengoed aan haar zoon Pavel Petrovitsj, die in 1796 de troon besteeg. Het kinderrijke gezin van de tsaar en tsarina Maria Fjodorovna heeft ervoor gezorgd dat menig vorstenhuis in Europa een directe band kreeg met de Romanovdynastie. Zo ook de Oranjes. Dochter Anna Pavlovna huwde met koning Willem II.

Ellen Michajlova is een kenner van de geschiedenis van de Oranjes. Ik loop met haar door het paleis. Of lopen is niet het woord. Ik loop en Ellen Michajlova schrijdt door de prachtige zalen. Ze doet dat op een wijze die past bij Anna Pavlovna en haar moeder Maria Fjodorovna die zich op eenzelfde wijze 200 jaar geleden door dit paleis moeten hebben bewogen. 'Toen koningin Beatrix hier kwam, kwam ze eindelijk thuis. Zo voelde ik dat. Ik denk dat de koningin hetzelfde gevoel had. Het was een bevestiging dat het Oranjehuis bij onze cultuur hoort.'

Ellen Michajlova kent deze residentie van tsaar Pavel 1 en zijn kinderrijke gezin op haar duimpje. Ze weet alles van de jonge jaren van dochter Anna, de zesde dochter van Pavel en Maria, die op jeugdige leeftijd werd uitgehuwelijkt aan de latere Nederlandse koning Willem II. 'Het was een diplomatiek huwelijk', weet Ellen. Ze voegt er snel aan toe: 'De tederheid en de liefde kwamen later.'

Ellen spreekt Nederlands met de zangerige accenten van haar Russische moedertaal. Haar verteltrant maakt de hele geschiedenis tussen Rusland en Nederland tot een blij sprookje. Trots is ze op de Russische pracht en praal die ons hier omringt en zij is mild over het knusse Nederland. Anna's broer Alexander was het vechtmaatje van prins Willem op de slagvelden van Waterloo. Hij vond Willem een echte kerel en dat telt in Rusland. Ellen: 'Alexander vond Willem geschikt voor zijn jongere zusje. Bovendien wilde Rusland een betrouwbare partner in het onbetrouwbare Europa.'

Dat de Oranjes in die dagen tot de arme Europese adel behoorden was geen obstakel. Het is ook geen geheim dat toen de Oranje-familie in 1816 in het Pavlovskpaleis arriveerde voor het huwelijk, zij hun ogen uitkeken. Dat was pas koninklijke luister. Ellen: 'De tsaren mochten graag laten zien hoe rijk zij waren. Dat zit een beetje in de Rus. Je ziet dat ook nu bij de nieuwe rijken. Men pronkt graag met zijn rijkdom. Het is niet de bedoeling anderen de ogen uit te steken, maar wat heb je aan rijkdom als je het verbergt?'

De familie die op deze zonnige voorjaarsdag het Rozen-paviljoen heeft gehuurd om een bruiloft te vieren, behoort kennelijk tot de categorie Russen die iets heeft te tonen aan de wereld. Een cateringbedrijf richt het paviljoen in voor een groots banket. 'Voor de huur vragen we 5.000 euro voor een avondje,' vertelt Aleksej Goezanov. Hij is de hoofdconservator van het museum dat nu in het paleis is gevestigd. Hij beheert ook het omringende landgoed dat 600 hectare groot is en waarin het Rozenpaviljoen ligt verscholen.

Koningin Beatrix heeft hier de lunch gebruikt. Het was prinses Anna's geliefde speelplaats. Goezanov legt uit dat elke vorm van inkomsten welkom is om het grote landgoed inclusief het paleis in stand te houden. 'Het hele complex staat op de monumentenlijst van de UNESCO, maar dat levert nog geen geld op.'

Goezanov loopt naar een vijver met een eilandje, niet ver van het Rozenpaviljoen. 'Kijk', zegt hij, 'daar stond het paviljoentje dat tsarina Maria Fjodorovna liet bouwen ter herinnering aan haar dochter die na de huwelijksplechtigheid naar Nederland was vertrokken. De Duitsers hebben het vernietigd in de oorlog. Het herbouwen kost meer dan 50.000 dollar. We zoeken sponsors voor dergelijke projecten.'

Goezanov durft geen schatting te maken van het bedrag dat nodig is om Pavlovsk helemaal in zijn oude luister te herstellen. De oorlogswonden zijn weggewerkt en dat is al een groot wonder. De foto's uit de naoorlogse dagen tonen slechts ruïnes.

Ellen vertelt een anekdote over Anna. 'Weet je, natuurlijk vond ze het heel erg toen ze in Nederland zag wat de Oranjes onder een paleis verstonden. Ze schreef aan haar moeder: mam, in Holland noemen ze elke schuur een paleis.' Niet aardig, maar de Hollanders waren ook niet altijd aardig voor Anna. Zij vonden de prinses, die van luisterrijke ontvangsten hield aan het hof, een verkwister. Zij gaf zelfs opdracht de bescheiden paleisjes van de Oranjes elke dag op te fleuren met verse bloemen, in alle vertrekken. Niemand nam ook de moeite haar naam goed uit te spreken. Anna Pavlovna raakte verhaspeld tot Anna Paulowna. Die verhollandste naam was goed genoeg voor een polder.

'Anna vond die naamsverbastering wel charmant, schreef ze aan haar moeder. En dat van die polder, waarom is dat erg? Polders zijn de Hollandse trots. Ze leeft op die manier voort in de geschiedenis van Nederland,' zegt Ellen. Je vraagt je wel af of Anna zich ooit heeft verzoend met haar lot in het Hollandse polderland. Het door de zon beschenen landgoed Pavlovsk is een paradijs. Denk de toeristen weg en stel je voor hoe de prinsesjes en de prinsjes hier hun dagen doorbrachten ver van de boze buitenwereld.

Was dat goed voor hun opvoeding? Dat is zeer de vraag, bedenk ik me als ik in volledige stilte op een bankje van de zon zit te genieten en de vogels om mij heen zich verliezen in hun voorjaarsactiviteiten. De bedenker van dit alles is met medeweten van zijn eigen zonen om zeep geholpen.

Alle buitengoeden rond Petersburg eisen hun eigen rol op in de geschiedenis van Rusland. Qua pracht en absurditeit slaat Peterhof natuurlijk alles. Peter de Grote begon de bouw en zijn opvolgers hebben het buiten voltooid op een wijze die alles overtreft. Ook vandaag moet je niet over de weg gaan naar Peterhof. Maar net als de bezoekers drie eeuwen geleden moet je over het water van de Finse Golf het verplichte bezoek afleggen. Draagvleugelboten scheren nu heen en weer tussen het Winterpaleis aan de Neva en Peterhof. Uiteraard ging het in Peters dagen een stuk langzamer.

Het is iedere keer weer een sensatie om aan te komen bij het complex waarmee de tsaren op overtuigende wijze hun bezoekers wilden herinneren aan hun almacht. Eigenlijk alleen Peter de Grote heeft er echt gewoond en dan nog het liefst in het Monplaisir-paleisje aan de rand van de Finse Golf in het lagere gedeelte van het complex dat duizend hectare land beslaat. Het centrale Grote Paleis was er altijd alleen voor de show en voor grote ontvangsten. Vooral de opvolgers van Peter de Grote hebben architecten zich laten uitleven in het bouwen van paviljoens, kerken en een groot aantal versieringen.

Fonteinexperts uit heel Europa hebben er een kans gekregen op de een of andere manier water te laten spuiten uit de monden van mythologische figuren of simpel uit kannen en kruiken. De grote cascade is een wonder van fonteinkunst. Het is het grootste fonteinensemble ter wereld. Alles is in zijn volle glorie hersteld. De Duitse legers hebben tijdens de belegering van Leningrad alles gestolen wat los en vast zat. Met een barbaarse agressie hebben ze bovendien alles vernield.

Zelfs de communisten wisten dat ze de ruïnes weer moesten herstellen. Je kunt driehonderd jaar geschiedenis niet verloren laten gaan.

Groot vakmanschap is er aan te pas gekomen om in een restauratie die tientallen jaren heeft geduurd Peterhof weer tot leven te brengen. De grote cascade van water heb ik nog gezien in de laatste jaren van de Sovjet-Unie. De waterpartij was niet in haar volle glorie hersteld. Hij miste zijn centrale figuur, de gouden Samson die de bek opentrekt van een eveneens gouden leeuw. Daaruit komt de grootste waterspuit. De Duitsers hadden Samson en de leeuw geroofd. Er is nu een nieuwe voor in de plaats en de cascade is weer zoals zij voor de tsaren zijn waterkunsten heeft vertoond.

Ik loop hier als de winter zich net definitief heeft teruggetrokken en de natuur tot leven komt. De draagvleugelboten voeren nog geen toeristen aan. Het is er stil. De stilte die ik terugvind op de foto's uit het album van de laatste tsarenfamilie. De familie bezocht dit paleis ook, maar er is maar één foto te vinden, vermoedelijk genomen bij een ontvangst, waar de tsaar en de tsarina en hun kinderen zijn te zien in de oogverblindende omgeving van het grote paleis.

Hier en daar zien we de dochters als ze nog klein zijn op een ezel aan de rand van de Finse Golf. Of bij de boerderij die in het centrum van het Alexanderpark ligt dat deel uitmaakt van Peterhof. Twee van de prinsessen, Olga en Tatjana, poseren bij het Wapenpaviljoen. Het paviljoen kreeg die naam omdat op de top een enorme gouden dubbelkoppige adelaar staat te glimmen in de zon, het wapen van de Romanovs. Op dezelfde positie klikken nu de camera's van de toeristen. De twee prinsessen poseren op de wijze zoals de toeristen dat nu doen. Ze voelen zich duidelijk niet thuis in deze omgeving. Ik sta er nu ook in mijn eentje en voel me al net zo verloren als Olga en Tatjana, geïmponeerd door het monumentale functieloze bouwwerk. Hier wandelend moeten de prinsessen meer nog dan elders het gevoel hebben gehad dat zij in een gouden kooi leefden.

Ze deden er kennelijk alles aan die kooi te ontvluchten. Je ziet foto's van de familie in de uitgestrekte velden buiten het terrein van Peterhof. Ze zochten liever de natuur dan de aangeharkte pronkparken van Peterhof. Het complex lijkt eerder gebouwd voor de show dan voor het vervullen van enige nuttige functie.

Ambassadeurs ten tijde van Peter de Grote tekenen hun angsten op als zij in hun annalen melden dat zij zijn uitgenodigd naar Peterhof te komen. Erheen gaan was geen probleem, maar terugkomen was een ramp. Tsaar Peter hield er van zijn gasten dagenlang vast te houden op zijn buitengoed. Hij stopte ze vol met drank en eten en joeg ze de parken en bossen rond Peterhof in om hout te kappen. De tsaar zelf had een groot plezier in bomen omhakken. Hij eiste van zijn gasten dezelfde passie voor dit zware werk. Sommige gasten hadden weken nodig om te herstellen van een bezoek aan Peterhof.

De laatste tsarenfamilie deed dat zijn gasten niet aan. Het ligt overigens niet in de Russische aard lang na te denken over het nut van sommige zaken. Op een steenworp afstand van Peterhof ligt het Constantijnpaleis met een Versailles-achtige tuin. Het was een vrij oninteressant paleis, totdat iemand bedacht dat de president van de Russische Federatie natuurlijk een residentie moet hebben in de tweede stad van het land.

De Duitse legers hadden ook het Constantijnpaleis niet ontzien. Het kwam net als alle andere paleizen uit de oorlog als een ruïne. Niemand keek er naar om, omdat het paleis eigenlijk geen geschiedenis kende. Niemand van de tsaren heeft er ooit echt gewoond. Het was een speeltje. Architecten mochten hun gang gaan en de tsaren betaalden voor hun diensten. In 2003 vierde Sint Petersburg het 300-jarig bestaan. Er werden honderden miljoenen euro's gevonden om het paleis te renoveren, restaureren is een te groot woord.

Ik zag het paleis intensief een aantal dagen in 2006 toen Rusland zijn gasten ontving voor een ontmoeting van de leiders van de G8. Architecten uit heel Europa hebben tot aan de revolutie van 1917 constant met hun eigen stijlen gesleuteld aan het complex. In het moderne Rusland heeft men vooral veel haast. Restaureren volgens de oude plannen zou veel tijd hebben gevergd. Daarom is ervoor gekozen een soort kopie van het paleis te herbouwen. De gedachte daarbij was vooral: als je veel duur materiaal gebruikt wordt iets vanzelf mooi.

Ik zag de gezichten van de wereldleiders die er logeerden, vergaderden, dineerden en tête-à-tête hun gedachten uitwisselden. De verbazing over zoveel overdaad was van de gezichten te lezen. Het complex is daarna nog zelden gebruikt. Het is te groot, te duur en zo protserig dat het nauwelijks in staat is een sfeer te scheppen die mensen tot elkaar brengt. Maar dat was ook in de tsarentijd zelden de bedoeling van de soms monsterlijke paleizen die zij in en rond Petersburg lieten bouwen.

Peterhof, een speeltje van de tsaren

De legendarische poëet Achmatova

Hoofdstuk 5

Het fundament van Piter, dichtregels

Het ferme geloof van de Petersburgers is dat de toekomst van hun stad rust op de vier standbeelden van illustere tsaren. Peter de Grote, Catharina de Grote, Nicolaas I en Alexander III. Valt één van de vier van zijn sokkel, dan is het gedaan met het wonder aan de Neva. Iedere Petersburger weet dat dat slechts uiterlijk vertoon is. Er is een ander Petersburg, dat van de dichters. Het gilde der letteren kent drie vorsten die de gevierde en tegelijkertijd gevreesde tsaren naar de kroon steken: Aleksandr Sergejevitsj Poesjkin (1799-1837), Anna Andrejevna Achmatova (1889-1966) en Iosif Aleksandrovitsj Brodski (1940-1995). Zij zijn de symbolen van de tijd waarin zij leefden. Ze schreven niet alleen hun prachtige woorden in een onnavolgbaar ritme, maar maakten actief deel uit van de geschiedschrijving. In het Russisch heeft men het niet over dichters als het over zulke grote figuren gaat, maar over poëten. En Achmatova is zeker geen dichteres, dat als kleinerend wordt gevoeld, maar op zijn minst dichter.

Poesjkin koketteerde met het hof van de tsaren terwijl zijn dichtregels heimelijk – en soms zelfs openlijk – liberale ideeën uitstraalden. Achmatova overleefde de revolutie, maar zij kreeg vervolgens de volle laag van de Rode Terreur over zich heen. Wonderlijk genoeg behoorde ze tot de culturele elite die Stalin weg liet halen uit Leningrad, dat 900 dagen zou lijden onder de blokkade door de Duitse legers in de Tweede Wereldoorlog. Maar de naoorlogse Sovjetleiders beschouwden haar als een dissidente. Haar werk was verboden literatuur. Brodski was eveneens een dissident, al was hij niet politiek betrokken. Hij tartte op een literaire wijze het totalitaire regime dat hem ten slotte als een lastige paria uitstootte. Hij keerde als gelauwerde Nobelprijswinnaar nooit terug naar de

Neva om van zijn status als gerehabiliteerde vijand van de Sovjet-Unie te genieten.

De drie dichters bepaalden niet alleen het gezicht van Petersburg, maar van heel Rusland. Het is moeilijk als buitenlander te begrijpen welke rol de woorden en de persoonlijkheden van deze dichters hebben gespeeld in het dagelijks leven. Ik ga naar de plekken die herinneren aan hun bestaan en bewonder de zorgvuldige manier waarop de Petersburgers ook vandaag omgaan met het levend houden van de herinnering aan de genieën van de Russische dichtkunst. Maar ik kan helaas niet komen tot dezelfde intense beleving die de gemiddelde Rus voelt als hij met liefde over Poesjkin, Achmatova of Brodski spreekt. Die beleving zie ik wel van nabij als ik met mijn vrouw Zoja Rjoetina Petersburg bezoek en langs de plekken ga waar de sfeer van het grote trio voortleeft. Ze neemt mij bij de hand in de wereld van de tsaren van de dichtkunst, gekroonde hoofden van de letteren die leefden zonder de pracht en praal van de paleizen van Petersburg. Ze hebben met hun werk de stad wel een glans gegeven die eeuwigheidswaarde heeft. Hun woorden vormen het fundament waarop Petersburg wellicht kan overleven.

Ik laat Zoja aan het woord over een onderwerp waar je als buitenstaander maar beter je vingers niet aan kunt branden.

Wat is een dichter en welke rol speelt hij in de samenleving? Door de geschiedenis heen hebben zij een rol gespeeld in het Russische leven en altijd in een gespannen verhouding met de autoriteiten. Iosif Brodski was een dissident in de tijd van de Sovjet-Unie. De Sovjet-autoriteiten duldden slechts dichtregels die hulde brachten aan de revolutie en de arbeidende klasse. Brodski deed dat op zijn manier. De autoriteiten wisten er geen raad mee. Op 13 maart 1964 moest hij in Petersburg, toen Leningrad, voor de rechtbank verschijnen. De aanklacht was negentien punten lang. De zwaarste beschuldiging gold dat hij een parasiet was van de samenleving omdat hij in de ogen van de autoriteiten niet werkte. Een andere zonde die hij had begaan was het verspreiden van verboden gedichten van Achmatova. Dat was in de ogen van de Sovjetwetgever anti-Sovjetpropaganda. Op al deze punten stond een stevige gevangenisstraf. Er bestaat een stenogram van de ondervraging door de rechter tijdens de zitting. De vraag was: is Brodski een dichter, en: is dichten werk?

Rechter: 'Wat is uw specialisme?'

Brodski: 'Dichter. Dichter-vertaler.'

Rechter: 'Wie heeft u erkend als dichter? Wie stelt vast dat u dichter bent?'

Brodski: 'Niemand. Wie heeft mij als mens erkend?'

Rechter: 'Heeft u daarvoor een opleiding genoten?'

Brodski: 'Waarvoor?'

Rechter: 'Zodat u dichter kunt zijn. Waar heeft u uw opleiding gehad?'

Brodski: 'Ik geloof niet dat daar een opleiding voor nodig is.'

Rechter: 'Waarom niet?'

Brodski: 'Ik geloof dat zoiets van God komt.'

De spraakverwarring over het dichter zijn leverde hem een gevangenisstraf op van vijf jaar die hij heeft doorgebracht in een werkkamp in het dorp Norenskoje in de provincie Archangelsk in het noorden. Achmatova heeft er alles aan gedaan hem vrij te krijgen. De Sovjet-autoriteiten wisten niet wat ze met Brodski aan moesten en in 1972 is hij uiteindelijk, net als zovele andere dissidenten, het land uitgezet om er nooit weer terug te keren. In 1987 ontving hij de Nobelprijs voor literatuur.

Zo omschreef Brodski zijn eigen lot toen hij 40 jaar oud was:

Ik liep mijn kooi binnen in plaats van een wild dier
brandde mijn bijnaam en straf met een spijker in de barak
Ik woonde aan zee, speelde roulette hier
Lunchte met God weet wie in een pak.
Vanaf een gletsjer bezag ik de halve aarde,
ben tweemaal afgetuigd, driemaal haast verdronken.

Verliet het land dat me voedde en laafde.
Met wie mij is vergeten kun je een stad bevolken.
Ik zwierf door steppen, waar de Hunnen ooit schreeuwden,
Ik kleedde me naar wat op dat moment in was
zaaide rogge, legde teerdaken op schuren
en dronk alles zolang het maar nat was
Ik opende mijn dromen voor het kijkgat van een cel
Vrat het brood van de verstoting, liet geen korsten liggen.
Stond mijn stembanden niet toe te janken, alle andere
klanken wel.
Ik begon te fluisteren. En nu ben ik veertig.
Wat kan ik zeggen van het leven? Dat het lang duurt.
Slechts met het lijden voel ik solidariteit.
Maar zolang niemand me met klei de mond snoert
Is wat eruit doorklinkt slechts dankbaarheid.

Brodski woonde met zijn ouders in de communale flat aan de
Litejny Prospekt, dezelfde straat waar nu de ingang is naar
het museum dat herinnert aan Achmatova. De ouders van de
dichter zijn intussen ook overleden, zijn moeder in 1983 en
zijn vader een jaar later. De Sovjet-autoriteiten namen de
wrede beslissing Brodski niet toe te laten tot hun sterfbed.
Ook een verzoek aanwezig te kunnen zijn bij hun begrafenis
werd afgewezen. Brodski heeft dit de autoriteiten nooit vergeven. Het nieuwe Rusland van na 1991 had voor hem te veel
gezichten die hij kende uit de Sovjetjaren. Het betekende voor
hem een onoverkomelijke barrière om terug te gaan.

Vele malen is hem gevraagd waarom hij niet is teruggekeerd naar Leningrad en later naar Petersburg toen dat mogelijk was. In een van zijn gedichten zegt hij dat het zijn
droom is te worden begraven op een van de eilanden waaruit
Petersburg bestaat, het Vasiljev-eiland. Later zei hij: 'Een man
kan niet terugkeren naar de plaats van zijn liefde.' Was die
liefde Petersburg zelf? Of was het de vrouw die hij liefhad
voordat hij werd gedeporteerd naar het Westen? Hij heeft er
nooit uitleg over gegeven. Het hoort bij de mythe van de dich-

ter. Hij heeft er in interviews en in zijn werk nooit een geheim van gemaakt hoe intens zijn liefde voor Petersburg was en hoe wreed het was dat die liefde hem is afgenomen. Hij ligt begraven in een andere liefde die hij vele malen in zijn leven bezocht, Venetië.

De kamer waar hij in Leningrad woonde staat leeg, maar andere communale flatbewoners wonen er nog altijd op dezelfde wijze als dat in de Sovjettijd gebeurde met een gezamenlijke keuken, toilet en douche. Een vriendenkring van Brodskiliefhebbers heeft intussen zijn kamer gekocht en probeert nu een hele verdieping van het pand in handen te krijgen om een volwaardig museum ter herinnering aan de dichter te kunnen inrichten.

Het pand waarin de Brodski's woonden had nauwe banden met de Russische literatuur. Een Griekse hertog, Moeroezi, liet het aan het eind van de negentiende eeuw bouwen. Al snel werd het een verzamelplaats voor allerlei figuren uit de Russische literatuur. Aleksandr Blok bezocht er vaak de literaire salon die er was ondergebracht. Achmatova kwam er eveneens vaak. Het was op die plek dat ze haar man, de dichter Nikolaj Goemiljov, voor het laatst zag. Hij was een van de eerste slachtoffers van de Rode Terreur die Stalin op Petersburg losliet in de jaren dertig. Goemiljov kreeg de kogel in het KGB-hoofdkwartier in Petersburg, als 'vijand van het volk'.

Poesjkin heeft in zijn tijd ook lang in deze straat gewoond. Op nummer 11. Dom Moeroezi, zoals de Petersburgers het appartementengebouw waarin Brodski woonde nog altijd noemen, is op nummer 28. Er tegenover is een van de betere restaurants van de stad, Makarov. Beide dichters hielden van een wandeling in de nabijgelegen Zomertuin.

Ik ben bij Makarov gaan zitten om rustig de sfeer in me te kunnen opnemen waarin Brodski zijn talent ontwikkelde. Het appartement van zijn ouders, in feite anderhalve kamer waarvan Brodski tien vierkante meter tot zijn eigen terrein had afgebakend, heeft een balkon. Van dat punt af moet je een vrij uitzicht hebben op de kerk van de Heilige Pantelejmon en aan de andere kant dringt de kathedraal van de Transfiguratie zich op. Brodski heeft een essay gewijd aan de anderhalve kamer inclusief zijn tien vierkante meter. Het waren de dierbaarste vierkante meters uit zijn leven. De ruimte ademde in de ogen van de dichter zachtheid uit. 'Een ruimte met verstand', zoals hij het noemde.

Als het ooit tot een flatmuseum komt, het zoveelste in Petersburg, dan is er genoeg materiaal om het te vullen. Al zijn New Yorkse meubilair is bewaard gebleven, evenals zijn bibliotheek en de talloze geluidsopnamen van zijn stem.

Zolang Brodski nog niet zijn eigen plek heeft, heeft hij tijdelijk onderdak gekregen bij Achmatova in het voormalige paleis van de graven Sjeremetjev aan de Fontanka. De Sjeremetjevs waren sponsors van de kunsten. Na de revolutie kreeg het huis aan de Fontanka een culturele bestemming en in de rechtervleugel leefde Achmatova met onderbrekingen zo'n dertig jaar. Het is geen wonder dat er nu onderdak wordt verleend aan Brodski. Achmatova wees Brodski duidelijk aan als haar opvolger.

Het herdenken van Brodski gebeurt er op een bescheiden manier. Enkele zaken die de dichter dierbaar waren zijn na zijn dood overgebracht uit zijn New Yorkse flat naar zijn geboortestad. Het bureau waaraan hij werkte in New York staat er te pronken. Ook de foto van Achmatova die hij altijd bij zich had is meegekomen. Op de foto staat Achmatova in een van de meest poëtische poses die er bestaan van de dichteres. Zij schonk de foto aan Brodski. Deze eerde ook zijn andere grote voorbeeld, Poesjkin. Naast Achmatova staat, net als in zijn New Yorkse jaren, een gipsen buste van Ruslands volksdichter.

Behalve deze attributen is er een zaaltje waar je kunt luisteren naar de stem van Brodski die voordraagt uit eigen werk. Ik ben er gaan zitten. Ik was helemaal alleen. Ik herinner me alleen maar het ritme van de gedichten, de woorden waren praktisch niet te begrijpen. Het was het gelijkmatige ruisen van de golven, een geluid dat nooit verveelt. De stem neemt je op en zet je weer neer in een niet-aflatende golfbeweging. Je wordt meegevoerd door het diepe timbre van zijn stem. De stem klinkt droefgeestig, maar ademt de sfeer van zijn gedichten. Een oneindige stroom van woorden. Je kunt zijn poëzie niet op een andere manier voordragen. Hij heeft een stem die je schokt met altijd de nadruk op de hoge tonen in zijn stem. Het geluid verraadt onzekerheid en tegelijkertijd een naïeve openheid, alsof de dichter kwetsbaar is. Maar de woorden zijn raak en precies getroffen. Zulk een contradictie met die kwetsbare stem. Zijn talent raast voort in een oneindige stroom die onovertroffen is.

Brodski was een man op zichzelf, Achmatova was een product van de Zilveren Eeuw van de Russische poëzie. Zilver omdat Poesjkin uiteraard de exponent is van de Gouden Eeuw van de dichtkunst. Het museum dat aan haar herinnert wordt druk bezocht. Als vrouw spreekt zij tot de verbeelding, niet alleen omdat ze prachtige gedichten schreef, maar omdat haar leven dezelfde wonden vertoont die zoveel Russen hebben opgelopen in de jaren van de revolutie en het Sovjetleven daarna. Vóór de revolutie kende zij gelukkige tijden. In Parijs leerde zij de Italiaanse schilder Amadeo Modigliani kennen, voor wie zij vaak poseerde. Een van de werken van Modigliani is te bewonderen in haar Petersburgse flat.

Aan de vooravond van de revolutie in 1917 bezocht Achmatova met vrienden het Alexandertheater. 'Op weg naar huis,' schreef ze later, 'hing onheil in de lucht.' De volgende ochtend was het onheil al daar. Haar onbezorgde leven als een gevierde dichteres werd van dat moment af volledig op zijn kop gezet. De zorgeloze tijden die zij doorbracht in het keldercafé 'De zwerfhond' met haar tijdgenoten Majakovski, Mandelstam en vele anderen, was definitief voorbij. 'De zwerfhond' bestaat weer. Ik ben er even binnengelopen, terzijde van het Plein der Kunsten. Ik stond ook zo weer buiten. Dit is niet het café van de giganten van de Zilveren Eeuw. Het is steriel en er ontbreekt de warmte van de dichtkunst.

Voordat ik voor de zoveelste keer Achmatova's museum bezoek heb ik een lang gesprek met een van de weinige mensen in Petersburg die Achmatova intensief heeft gekend, Ignati Michajlovitsj Ivanovski. Hij is 76 jaar. Hij schreef een boek over de vrouw die hij bewonderde. Zij las hem haar gedichten voor. Waarom is poëzie zo aan Rusland gebonden en aan Petersburg? Waarom zijn de Russische dichters zo moeilijk te vertalen in andere talen? Ivanovski kan er uren over uitwijden.

Hij zegt: 'De typisch Russische poëzie begon in feite bij Poesjkin. De Poesjkinlijn is gebaseerd op de Russische volksliedjes. Poesjkin had een geniaal gehoor. Hij leerde de volkswijsjes van zijn kinderjuf. Zij vertelde hem al op heel jonge leeftijd Russische sprookjes. Die kinderjuf had een talent om sprookjes te vertellen. Zij kon niet lezen, maar had een ongebreidelde fantasie. Die opvoeding heeft Poesjkin de bagage gegeven voor zijn latere werk. Al zijn navolgers zijn in zijn spoor gebleven, en dat heeft die unieke Russische dichtkunst ontwikkeld die drie ijzeren wetten kent. Eén: de dichter schrijft over Rusland. Twee: een Russische dichter houdt van zijn lezer en waardeert hem. Drie: een Russische dichter schrijft in een simpele, toegankelijke maar zeer uitdrukkingsvolle taal.'

Achmatova volgde in dat spoor. Brodski niet, vindt Ivanovski, misschien vanwege de Angelsaksische invloed. De eerste contacten tussen de twee zijn door Brodski zelf beschreven. 'Achmatova behandelde mij als een gelijke. Ze vertelde me dat we samen het volledige ritme van de Russische taal beheersten. Ze ontdekte mij. Ik was haar trots en ik was er trots op haar leerling te zijn. We konden alles met elkaar bespreken. Ze was erg grappig. Ze was niet alleen ongelooflijk intelligent, maar je kon haar de meest simpele vragen stellen. Wat betekent het om een christen te zijn? Wat betekent het om te vergeven? Ze haatte nooit iemand. Nooit. Ze beschuldigde nooit iemand, noch nam ze wraak. Je kon veel van haar leren. Bijvoorbeeld deemoedig zijn.'

Achmatova droeg haar gedichten voor op dezelfde monotone, maar meeslepende manier die Brodski zich later eveneens eigen maakte. Volgens Ivanovski hebben de Russische dichters die voordrachtkunst afgekeken van de Comédie Française. Petersburg was erg op Parijs gericht. Achmatova had alle reden om niet te vergeven. Haar eerste man kreeg de kogel als vijand van het volk en haar zoon Lev bracht twee perioden door in Stalins strafkampen. Pas na de dood van Stalin kwam hij vrij. Achmatova was beroemd. Iedereen kende haar, maar ze sloot geduldig aan bij de poort van de Petersburgse gevangenis om net als alle andere moeders en echtgenoten haar overlevingspakje af te geven voor haar zoon. Ze was een bijzondere vrouw die haar verdriet, niet alleen haar persoonlijke, maar dat van de hele natie uiteindelijk vastlegde in de gedichtencyclus *Requiem*. Als 23-jarige was Ivanovski één van de eersten die de woorden van dit voor iedere Rus klassieke gedicht over haar lippen hoorde komen. Het gedicht zou verboden poëzie blijven tot het einde van de Sovjet-Unie.

Ivanovski herinnert zich: 'Achmatova had geen dubbele verhouding met mensen. Zij had een grenzeloos vertrouwen in iemand, of vertrouwde iemand totaal niet. Het was 1955. Stalin was al dood, maar de politieke situatie was nog altijd onzeker. Toen ik naar haar huis liep stond Anna Achmatova voor het raam en ze gaf me een teken naar boven te komen. Ik ging naar haar toe en keek ook door hetzelfde raam naar buiten. Aan de andere kant van de straat liep een *toptoen*. Dat was de grappige naam die Petersburgers gaven aan agenten van de geheime dienst. Toptoen wil zoveel zeggen als iemand die voortdurend op zijn tenen loopt. De flat van Achmatova werd altijd in het oog gehouden. Ze vroeg me dichtbij haar te komen staan en met een lage stem begon ze mij *Requiem* voor te dragen.'

> *Ik heb geleerd hoe een gezicht kan vallen*
> *Hoe door een oogspleet angst naar buiten loert*
> *Hoe het lijden op ingevallen wangen*
> *Vergeelde bladen met spijkerschrift opvoert.*

Hoe asgrauwe of gitzwarte lokken
Ineens verschieten tot een zilverwit
Een lach verwelkt op nederige lippen,
En in droog lachen vrees te horen is.
En nee, niet voor mezelf wil ik nu bidden
Maar voor elkeen, die naast mij stond, vereend
In bitt're kou en in de juli-hitte
Onder de blinde muur van rode steen.

Opnieuw is de tijd van herdenking nabij.
Ik zie u, ik hoor u, ik voel u in mij.
Ook haar, die met dwang naar het raam is gevoerd,
En haar, die de bloedeigen grond niet meer voelt,
En haar, die zo mooi met haar hoofd schuddend zei:
''t Is of ik hier thuiskom, ja, zo voel ik mij!'
Ik wil ze wel allemaal noemen bij naam,
Maar weg is de naamlijst en niemand weet waar.
Een brede bedsprei heb ik voor hen gemaakt
Uit povere woorden, door hen reeds geslaakt.
Aan hen denk ik altijd en waar ik ook kom.
Aan hen zal ik denken als nieuw onheil komt,
En snoeren zij ook mijn getergde mond,
Waarmee het miljoenenvolk schreeuwend verkondt.
Laat zij dan net eender herdenken mijn naam
De dag voor men zelf mij het graf in laat gaan.

Ivanovski: 'Ik luisterde naar haar en ik vergat mezelf compleet. Ik begreep onmiddellijk dat de woorden die Anna Andrejevna had gedicht een gevaarlijke aanval waren op het communistische systeem. Nog maar twee jaar geleden betekende een dergelijk vers een enkele reis naar de Goelag. Ik was een sterke jongeman. Ik beoefende de schermsport. Ik voelde de tranen over mijn wangen lopen toen ze was uitgesproken. Dat was mij nog nooit overkomen.'

Bezoekers aan haar museum kunnen dezelfde ervaring hebben als Ivanovski. In 1962 heeft Achmatova *Requiem* op de band vastgelegd. De band is in haar flatmuseum te horen. In hetzelfde jaar verscheen het aangrijpende gedicht in het Westen in druk. Haar beroemdste werk legde een lange weg af voordat het Ivanovski's oor en later dat van vele andere bewonderaars bereikte. Ze schreef de dertien verzen die samen *Requiem* vormen tussen 1935 en 1940, de zwartste jaren van de Stalinterreur. Ze zei in 1961: 'Ik schreef, omdat ik bij mijn volk wilde zijn dat door droeve tijden ging.'

Achmatova hield van de plek waar ze nu wordt geëerd, het voormalige paleis van de graven van Sjeremetjev. Het huis was donker en somber, maar ze hield van de plek meer dan van zon en licht, zoals zij zelf zei. Het is ook een plek van rust middenin de metropool. Achmatova heeft hier vaak gedacht aan haar grote voorbeeld Poesjkin. Hier schreef ze talrijke artikelen over zijn werk, zijn leven en ook over zijn dood. Beiden hadden geen hoge pet op van de gewone Petersburgers. Ze begaven zich zelden buiten de eigen kring. In een artikel over Poesjkins dood omschrijft zij haar stadgenoten als 'preuts', 'harteloos' en 'ongeletterd'. Ze refereerde aan Poesjkin die de Petersburgers bekeek als bewoners van 'een zwijnenstal'.

'Ondanks dat,' schrijft Achmatova in een artikel over de dood van Poesjkin, 'stroomden duizenden naar zijn huis toen ze het noodlottige bericht hadden gehoord dat hij stervende was. Sinds dat moment waren Petersburg en heel Rusland getuige van een fenomeen: het volk, Rusland en dit huis werden voor eeuwig met elkaar verbonden. '*Il faut que j'arrange ma maison,*' zei de stervende Poesjkin, 'Ik moet mijn huis op orde brengen'. In twee dagen veranderde zijn huis in een heiligdom voor zijn moederland en de wereld heeft nooit zo'n door de zon overgoten overwinning gezien. De hele negentiende eeuw veranderde stap voor stap in de eeuw van Poesjkin. Hij overwon de tijd en de ruimte. Nu zeggen we: 'de eeuw van Poesjkin' en 'Poesjkins Petersburg'. De grandeur van de paleizen en de salons wordt afgemeten aan het feit of Poesjkin er wel of niet is geweest.'

Poesjkins dood had niet dramatischer kunnen zijn. Misschien wel geheel in stijl met zijn romantische aard. Hij duelleerde met Georges Charles d'Anthès over de eer van zijn vrouw Natalja. Hij was de aangenomen zoon van de ambassadeur van de Nederlanden in Petersburg, baron Van Heeckeren. Het duel vond plaats bij Tsjornaja Retsjka, het Zwarte Riviertje. Het watertje stroomde toen buiten Petersburg. Het is nu ingelijfd bij de stad. Een metrostation draagt de naam van het riviertje en in het station is een standbeeld van Poesjkin te vinden. Een obelisk herinnert aan de plaats van het duel.

Er is niets in de annalen terug te vinden dat baron Van Heeckeren of diens aangenomen zoon enige spijt hebben betoond over het hoogst ongelukkige voorval. Zij beseften in die jaren kennelijk niet wat Poesjkin betekende. De baron moest wel uit Petersburg verdwijnen. Hij had niet alleen de woede van het Petersburgse hof over zich heen gekregen, maar ook de Oranjes in Den Haag waren des duivels over het incident.

Poesjkin is Rusland, Poesjkin is Sint Petersburg. Poesjkin is met niets te vergelijken. Daarom is het zo jammer dat het op buitenlanders nauwelijks is over te brengen dat dit nationale bezit is te vergelijken met het nationale bezit van Engeland, Shakespeare. Is het de taalbarrière? Wellicht, want hoewel vele pogingen zijn gedaan hem te vertalen kun je nooit de sfeer mee vertalen die Poesjkin zelf uitstraalt. Zoals Achmatova al zei: 'Poesjkin was een tijdsgewricht. Een dichter die zelf onderdeel van de geschiedenis werd.' Vooral omdat hij met zijn versregels het hof tergde vanwege zijn hang naar liberale ideeën.

Zijn verzen kwamen hem enkele keren op een verbanning te staan uit Petersburg. In zijn verbanningsoorden, zoals het huidige Moldavië, vond hij vaak nieuwe inspiratie. Hij hield er ook een reis door de Kaukasus aan over die eveneens vele fraaie verzen opleverde.

Poesjkin is nog altijd op vele plaatsen aanwezig in Petersburg. In Tsarskoje Selo, het tsarendorp, buiten de stad zit hij rustig uit te kijken naar het lyceum waar hij zijn opleiding kreeg en waar hij zijn eigen talenten leerde ontdekken. Het lyceum was altijd een broedplaats van grote talenten en liberale denkers. Van het opleidingsinstituut dat Poesjkin liefhad zou een eeuw na zijn dood niets meer over zijn. In de traditie van Petersburg eindigde Poesjkins lyceum in een poel van bloed.

Het Keizerlijke Alexander Lyceum zoals het voluit heette verhuisde in 1843, een aantal jaren na de dood van Poesjkin, naar de stad. Aan de Kamennostrovskom Prospekt kwam een instituut waar de toekomstige elite van het land werd klaargestoomd voor de zware taak op diverse posten leiding te geven aan het tsarenrijk. De revolutie van 1917 maakte aan de traditie van dit unieke opleidingsinstituut een einde. Er kwam een 'proletarisch technisch opleidingsinstituut' voor in de plaats.

De 'lyceïsten' bleven hun school trouw. Elk jaar kwamen zij bijeen op 19 oktober op 'de dag van de lyceïsten'. Het communistische regime kende geen genade met de bezoekers aan deze heimelijke bijeenkomsten. Stelselmatig zijn ex-studenten en ex-docenten verdwenen in Stalins strafkampen. Tussen 1918 en 1922 zijn zeker 88 van hen geliquideerd. In 1925 bedacht de KGB, toen NKVD, 'de zaak van de lyceïsten'. De bijeenkomsten van 19 oktober werden betiteld als een 'antirevolutionaire beweging'. Er werden nog eens 81 ex-studenten en ex-docenten opgepakt. Zij verdwenen in de Goelagkampen op de Solovki-eilanden en in de Oeral. Het lot van de meesten is onbekend. Vermoedelijk zijn ze allemaal in de kampen omgekomen.

Een standbeeld van Poesjkin staat op het plein voor het Russisch Museum. Het Alexandertheater draagt zijn naam. Op de Nevski Prospekt is een toeristenattractie, het Literatuurcafé. De dichter zou daar vaak hebben gedineerd. De aankleding is in Poesjkinstijl, maar het wassen beeld van de dichter voor het raam geeft het geheel een goedkoop toeristisch uiterlijk.

Bij de viering van zijn honderdste geboortedag in 1899 kreeg de dichter pas zijn nationale erkenning. Er kwam een Poesjkinhuis dat een literair centrum werd en waar veel van zijn manuscripten werden bewaard. Na de revolutie was er aanvankelijk enige twijfel waar Poesjkin paste in de nieuwe ideologie. De communisten bleken een chronisch gebrek te hebben aan nationale symbolen die elk land kennelijk nodig heeft als onderdeel van zijn identiteit. Vooral na de Tweede Wereldoorlog kwam er een waar Poesjkinisme op gang.

Petersburg claimt de nationale dichter nu met overgave. Al moet ik zeggen dat de sfeer in het Poesjkinhuis aan de Mojka 12 er een is die niet past bij de flamboyante persoonlijkheid die hij was. Over de levensgenieter wordt hier gewaakt met een ijzeren discipline en de vreugde die Poesjkins woorden uitstralen is niet terug te vinden op de gezichten van de staf van het museum. Als je er binnengaat kun je je niet voorstellen dat na de revolutie dit prachtige gebouw, inclusief Poesjkins vertrekken, eveneens ten offer vielen aan de collectivisatie, en dat er communale flats werden ingericht.

Poesjkin zelf zou ongetwijfeld mooie woorden hebben gevonden om deze brutale inbreuk op zijn privacy te beschrijven. Poesjkin was namelijk een man met een openstaande geest en een groot gevoel voor het mooie in de menselijke ziel. Hij leefde zijn leven intensief. Aan de goktafels, tijdens het rokkenjagen. Hij wist jong te zijn toen hij jong was. Met andere woorden, hij was altijd opgewekt en zorgeloos. Een karaktereigenschap die hem overigens voortdurend in de financiële problemen bracht. Het schrijven leek hem makkelijk af te gaan. Getuigen zeggen dat zowel Poesjkin als Achmatova hun gedichten op bed schreven op kleine stukjes papier. Poesjkin schreef in de ochtend en Achmatova 's nachts. Voor zijn bureau had Poesjkin een speciale stoel laten ontwerpen, die bewaard is gebleven, waarop de schrijver helemaal onderuit ging en liggend schreef. Hij had ook een bureautje laten maken met een schrijfblad dat makkelijk was aan te schuiven bij de sofa in zijn werkkamer, zodat hij ook daar liggend kon schrijven. Ontegenzeggelijk was hij een dandy. Hij had een hele verzameling wandelstokken. Sommige hadden de inscriptie van zijn naam op de knop. Een bijzondere stok was een zware van ijzer waarmee hij vaak werd gezien. Toen hem gevraagd werd waarom hij die onhandige stok verkoos boven de meer elegante exemplaren zei hij: 'Dit is om mijn hand krachtiger te maken als ik moet schieten, zodat mijn hand niet trilt.' In zijn flat zijn zes wandelstokken achtergebleven. Eén heeft de inscriptie van Peter de Grote op de knop en zou een erfstuk zijn uit de Hannibalfamilie, de familie van zijn moeder.

Aan de Mojka 12 woonde hij slechts de vier laatste maanden van zijn leven. Hij had er elf kamers die de hele eerste etage besloegen. Hij huurde de flat van hertogin Sophie Volkonskaja. De zus van zijn grote liefde Maria Rajevskaja. Althans zo willen de echte Poesjkinisten het. De affaire verhoogt het dramatische effect van Poesjkins leven en daarom zijn er weinigen die deze theorie willen weerleggen.

Poesjkin was een huisvriend van de familie Rajevski. Aan het hoofd van de familie stond generaal Rajevski, een doldrieste held uit de oorlog tegen Napoleon. Hij trok met zijn artillerie ten strijde tegen het Franse leger, geflankeerd door zijn zonen Aleksandr en Nikolaj die niet ouder waren dan vijftien en tien jaar. Hij overrompelde de vijand met deze doldrieste daad die zijn weerklank had in heel Rusland. Poesjkin voelde zich goed in het gezelschap van de heldenfamilie en hij wilde die sfeer niet verstoren. Hij reisde in het gezelschap van de generaal zelfs door de Kaukasus.

Poesjkin was 26 jaar en al een beroemd dichter. Maria was een tiener. Het beantwoorden van haar liefde zou tot een schandaal hebben geleid en Poesjkins relatie met de generaal hebben verstoord. Maria stortte zich een aantal jaren later in de armen van graaf Sergej Volkonski nadat Poesjkin haar liefde niet beantwoordde. De graaf behoorde tot de opstandige officieren, de dekabristen, die probeerden Nicolaas I van de troon te houden. Zij volgde hem in zijn verbanning naar Siberië. Poesjkins hart bleef bij Maria. Zij stond in vele gedichten model en vooral als Tatjana in zijn meesterwerk *Jevgeni Onegin*.

En wellicht was zijn volgende liefdesvers ook aan haar opgedragen:

Ik hield van u: en wellicht is die liefde
Hier in mijn ziel nog niet geheel gedoofd;
Maar laat zij u nu verder niet ontrieven;
Ik wil niet dat er iets u nog bedroeft.
Ik hield van u in stilte en wanhopig;
Door schuchterheid en afgunst overmand
Mijn liefde was zo teder, zo hartgrondig,
Als, wens ik, u een ander schenken zal.

Na Poesjkins dood is de flat in detail beschreven door de dichter Vasili Zjoekovski die een onderwijzer was aan het hof. Alles heeft hij gedocumenteerd. Aan de hand van zijn gegevens heeft men de flat aan de Mojka in zijn oorspronkelijke staat kunnen herstellen. De werkkamer en de kamer waar hij stierf zijn authentiek. Veel eigendommen van Poesjkin werden door zijn vrienden bewaard. Poesjkins vrouw gaf alles weg aan zijn vrienden. Een van hen was Pjotr Vjazemski. Zijn landgoed Ostafjevo liep geen schade op tijdens de burgeroorlog na de revolutie. Poesjkins eigendommen zijn daardoor bewaard gebleven. De werktafel, zijn geliefde Voltaire-stoel en het jacquet dat hij aan had tijdens het noodlottige duel, alles is in het museum te zien. Het horloge dat hij cadeau kreeg van keizerin Maria Fjodorovna is door Zjoekovski stilgezet op het moment van zijn dood. Poesjkin kreeg het horloge als dank voor de gedichten die hij schreef bij de geboorte van de kinderen van Maria Fjodorovna. Zijn sabel is er te zien en eveneens zijn inktpot met een beeldje van een zwarte Arabier erop, dat hij cadeau kreeg van zijn vriend Pavel Nasjtsjokin. De tafellamp op de werktafel is echt evenals de ganzenveer waarmee hij schreef. De rest van de inrichting in de zes kamers die het museum telt zijn geen stukken van Poesjkin. Ze stammen wel uit zijn tijd. Vijf kamers blijven gesloten.

In zijn laatste tijd leefde Poesjkin in schulden. Het tijdschrift *Sovremennik* (Tijdgenoot) bracht hem geen enkele winst. In de zomer leefde de familie op de datsja. In de herfst van 1834 bracht zijn vrouw Natalja Nikolajevna haar twee ongetrouwde zussen in huis. Ze leefden allemaal samen.

De kamer waar Poesjkin stierf is intact. Na zijn dood is hij opgebaard in de kleine hal waar bezoekers afscheid konden nemen voor de uitvaartdienst in de Konjoesjnjajakerk. De kerk is in 1991 gerestaureerd en ligt niet ver van zijn huis. De kerk maakt deel uit van de voormalige koninklijke stallen. Helaas zijn er nog steeds geen plannen het oude stallencomplex te restaureren en dat is zo dicht in het centrum van Petersburg een slordig gezicht.

De drie tsaren van de dichtkunst zijn niet begraven in de aarde van de stad waarvan zij intens veel hielden. Poesjkin ligt in het familiegraf in wat later is gaan heten Poesjkinskije Gory (de Poesjkinheuvels) in de provincie Pskov. Het is een prachtig buitengoed dat voor de viering van zijn tweehonderdste geboortedag helemaal is gerestaureerd. Het is een feest om er rond te lopen. Poesjkin schreef er veel, maar ging er ook als een wilde tekeer op de paarden die hem daar ter beschikking stonden. In deze idyllische omgeving had hij ook menige liefdesaffaire.

Achmatova's keuze was een probleem. Zelf had zij zich nooit uitgelaten over de plek waar zij begraven wilde worden. Het was Brodski die uieindelijk koos voor het datsjadorp Komarovo buiten Petersburg. Vooral in haar laatste jaren werd haar datsja een soort bedevaartsoord. Ze ontving er veel jongelui met literaire ambities die er altijd welkom waren. Eenzaam was ze niet, maar ze zocht in Komarovo de rust na een leven vol emoties, waarin vaak het verdriet overheerste.

Brodski ligt ook begraven in vreemde grond, in Venetië, in dezelfde moerassige grond als waarop zijn geboortestad is gebouwd.

Twee machtige zonen van Petersburg

Hoofdstuk 6

De moorden die geschiedenis schreven

Raspoetin en Kirov leven

'Als iemand nog vragen heeft...?' En weg was Lena. Twee keer per week daalt zij met een groepje van maximaal tien uitverkorenen het smalle trappetje af naar de kelderruimte van het Joesoepovpaleis aan de Mojka. Ik was blijven dralen tussen de rekwisieten en de wassen beelden die tezamen het zoveelste drama in de geschiedenis van Rusland verbeelden. Hier gebeurde het in de nacht van 16 op 17 december 1916, de moord op Grigori Jefimovitsj Raspoetin. Ik heb er veel over gelezen, maar terugkeren naar de plek van het drama is binnenstappen in een tijd die maar moeilijk is te begrijpen.

Daarom had ik wel vragen aan Lena, maar zoals zo vaak in Petersburg is het zoeken naar antwoorden moeilijk. Het ontluisterende slotakkoord van het eens machtige keizerrijk werd hier ingezet. Graaf Feliks Joesoepov, directe familie van de tsaar, en zijn samenzweerders maakten hier op een knullige manier een einde aan het leven van Raspoetin, de 'dwaze monnik' uit Siberië. De naam van de steun en toeverlaat van keizerin Alexandra was al jaren op ieders lip in Petersburg. Er zijn hem krachten en machten toegedicht die door de geschiedschrijving nooit zijn onderschreven of zijn verdoezeld.

Raspoetin was opnieuw een van de mythes waarop Petersburgs reputatie is gebouwd. Geheel in de traditie van de stad eindigde de legende met moord. Een strenge dame van het paleis jaagt me het smalle trappetje op als ze vindt dat ik te veel tijd voor mijn neergelegde geld eis. In de paleisgang kom ik Lena tegen. Ze duikt net te laat haar werkkamer in. Op de drempel mag ik toch nog wat vragen. Zij is expert. Zij heeft echt alles gelezen over de moord. Wat was het nu in haar ogen: een laffe moord of een patriottische daad om te proberen het keizerrijk en Rusland te redden? Lena glimlacht. Ze wil eigenlijk niet antwoorden op die vraag. Ik merkte al tijdens de rondleiding dat zij sympathie heeft voor de ambitieuze officier Joesoepov. Ze laat alle mogelijkheden open. Zelfs de mogelijkheid dat de moord op Raspoetin is bedacht door de Britse en/of Franse geheime dienst. De bondgenoten van Rusland in de Eerste Wereldoorlog waren bang dat de 'Duitse' Alexandra onder invloed van Raspoetin Rusland uit de oorlog zou terugtrekken. Het genadeschot zou afkomstig zijn geweest van een dienstpistool, in zwang bij een van de geheime diensten.

Lena zegt: 'Persoonlijk denk ik dat het een patriottische daad was. Het is niet belangrijk of Raspoetin invloed had of niet op Alexandra. De reputatie van de tsaar en zijn gezin liepen ernstige schade op zolang Raspoetin vrij rondliep in Petersburg. De moord zelf, die is nog niet opgelost. De ware geschiedenis moet nog worden geschreven.' Zij werkt aan het onderzoek. Ik wil haar nog vragen waarom mythes juist in Petersburg zo uit de hand kunnen lopen, maar zo'n gesprek zou te ver voeren en bovendien buiten het entreegeld voor de excursie vallen.

Vooral het buitenlander-element dat Lena inbrengt in de geschiedenis rond Raspoetin is opmerkelijk. Mijn groepje geïnteresseerde Russen zie ik gretig knikken als Lena tijdens haar voordracht de mogelijkheid openhoudt dat westerse mogendheden er op uit waren Rusland een hak te zetten. Vandaar misschien dat Russen slechts vijf euro voor de Russische versie van het boekje over het Joesoepovpaleis betalen en buitenlanders vijftien euro voor de Engelstalige versie. Een straf voor een niet bewezen betrokkenheid bij deze misdaad.

De affaire-Raspoetin is in de Russische geschiedenis toch vooral het verhaal van een maffe tsarenfamilie die Rusland naar de ondergang leidde door hun heilige geloof in een Siberische gek. Voornamelijk wordt de geschiedenis afgedaan als een excentrieke uitwas van het oude regime. Raspoetin is goed voor grappen en grollen. Zoals een penis op sterk water die in een obscuur Petersburgs erotisch museumpje is te zien.

De viriliteit van de man kende immers geen grenzen volgens de verhalen. Zo'n penisgrap doet het dus goed.

Bovendien past het Raspoetinverhaal uitstekend in de officiële uitleg van de geschiedenis waarin geen plek is voor zwakke tsaren, en zeker al niet voor tsaren die Rusland naar de rand van de afgrond hebben geduwd aan de hand van een vrouwenjager en charlatan. Russen weigeren serieus naar de affaire-Raspoetin te kijken.

In het Westen heeft men die gevoelens in het algemeen overgenomen. Raspoetin is een Boney M-hit, een griezel, het prototype van een Russische dronkaard. Vooral in de jaren zestig en de jaren zeventig raakten westerse filmmakers geobsedeerd door het fenomeen Raspoetin dat resulteerde in films als *Raspoetin, de dwaze monnik, Ik doodde Raspoetin* en *Nicolaas en Alexandra*. Allemaal films die toch het accent leggen op het exotische karakter van deze mysterieuze figuur en weinig recht doen aan de sleutelrol die deze man wellicht heeft gespeeld in de wending die de moderne geschiedenis van Europa heeft genomen nadat hij was vermoord.

Was er zonder de moord op hem ooit een revolutie gekomen? Was Nicolaas standvastiger geweest als hij Raspoetin uit de buurt van zijn vrouw had weten te houden? De reeks van vragen is lang, maar de antwoorden zijn schaars. Hele bibliotheken zijn intussen volgeschreven over het fenomeen Raspoetin. Nog steeds blijft het thema boeien, omdat alle ingrediënten van het turbulente leven in Petersburg van het begin van de vorige eeuw er in terug te vinden zijn.

Het Joesoepovpaleis is een juweel van een ensemble. Het dateert uit het begin van de achttiende eeuw. De inrichting is decadent overdadig naar goede Petersburgse traditie. Maar het kent natuurlijk ook juweeltjes van zalen. De Joesoepovs waren kunstminnaars. De theaterzaal bijvoorbeeld is van een fabelachtige schoonheid. Het paleis is niet zolang geleden in zijn oude glorie hersteld en staat te stralen aan het stadsriviertje de Mojka. Alles is er nog precies zoals in die bewuste decembernacht.

Het bruggetje voor wandelaars over de Mojka, recht tegenover het paleis, de Postkantoorbrug, is er nog steeds. Voor mijn excursie onderneem ik de wandeling die Raspoetin op de voor hem noodlottige avond heeft gemaakt. Er zijn eerdere aanslagen op zijn leven gepleegd. De veiligheidsdienst van de tsaar heeft elf man permanent beschikbaar om de omstreden monnik te observeren. Op het laatst groeit de bewaking van Raspoetin zelfs uit tot een hele afdeling. Maar Raspoetin zelf nam zijn veiligheid niet erg serieus. Hij straalde een goddelijke onaantastbaarheid uit. Op de avond van zijn dood waren de veiligheidsagenten op mysterieuze wijze geheel afwezig.

Ondanks dat hij er geen geheim van maakte dat hij aan het hof een gevierde gast was, is er niets dat erop wijst dat hij materiële voordelen genoot uit dat contact. Integendeel, hij ontving aan de lopende band Petersburgers in zijn flatje die hem petities aanboden en via hem hoopten op voorspraak bij de tsaar of de tsarina. Hij verkeerde wel in hoge kringen, maar deelde niet hun welstand. Hij moet ook geen argwaan hebben gekend toen hij zich gereedmaakte in zijn eenvoudige woning aan de Gorochovajastraat.

Het binnenplaatsje op nummer 64 is nog even triest als honderd jaar geleden. Raspoetin kan de straat zijn uitgelopen tot aan de Mojka en daar linksaf zijn geslagen richting nummer 94, het Joesoepovpaleis. Graaf Feliks nodigde hem uit, omdat zijn vrouw Irina leed aan chronische hoofdpijn. Geen ongebruikelijke kwaal onder de welgestelde inwoners van de hoofdstad die in de greep van een crisissfeer verkeerden.

De stad leed op dat moment, tijdens de Eerste Wereldoorlog, onder de onmogelijke naam Petrograd. Die naamsverandering wegens het te Duitse Petersburg was het begin van het einde van zijn grandeur. Respect voor het gezag was tanende. De zeden leken er te zijn losgeslagen. De stad was in de greep van mystieke gebeurtenissen, seks en poëzie. In het artiestencafé de *Zwerfhond (Brodjatsjaja sobaka)* in de Italiëstraat grenzend aan het Plein der Kunsten was liederlijkheid troef.

Een van de vaste gasten schreef er op de muur: 'Zij die nu

dansen zullen in de hel eindigen.' Het keldercafé bestaat weer. Er worden nu ook leuzen op de muren geschreven in de 'ik was hier'-stijl. De handtekening is voornamelijk van bekende Russen die er een glas hebben gedronken of een bordje hebben leeggegeten. Het café is nogal steriel, geen schim van de beschrijvingen die zijn terug te vinden in de dagboeken van bekende Petersburgers uit de beginjaren van de vorige eeuw. Het lijkt erop of de uitbaters van nu op een kunstmatige wijze het verleden willen terughalen.

De tsaar was aan het front. Een van de hofdignitarissen tekende in zijn dagboek op: 'De vrouw van de tsaar regeert het land en Raspoetin regeert over haar. De keizerin geeft orders en de tsaar gehoorzaamt.' Hofdichter Aleksandr Blok zag hoofdschuddend toe hoe zijn stad steeds meer ten prooi viel aan chaos. Hij keerde terug van een wandeling naar het standbeeld van tsaar Peter de Grote, de Bronzen Ruiter. Hij pende na zijn wandeling in zijn dagboek: 'Op Falconets standbeeld zitten jongens, schooiers. Ze hangen aan de staart van het paard en zitten op de slang. Zij roken onder de buik van het paard. De totale degeneratie, Petrograd is er geweest.'

De berichten van het front zijn desastreus, de verliezen aan mensenlevens lopen in de honderdduizenden. De stroom gewonden houdt niet op. De stad raakt vermoeid en uitgeput. De elite feest waar mogelijk door. De directe omgeving van de tsaar maakt zich zorgen. Alexandra heeft geen kaas gegeten van regeren en is hopeloos verloren zonder haar man, maar wil de ernst van de situatie niet inzien. In die sfeer ontstaat de mythe dat de invloed van Raspoetin met de dag groeit.

Wat is er waar en wat is fantasie? Een van de vele dames in de hogere kringen die verslaafd was geraakt aan de man met de hypnotiserende ogen beschrijft een seance met hem in zijn woning aan de Gorochovajastraat. In een hoek van zijn krappe appartement staat een mandje met verse bloemen met daarin een portret van de tsarina, die onderaan de foto haar naam, Alexandra, heeft geschreven. Raspoetin bekent dat hij een speciale relatie heeft met de tsarina, maar geen liefdesrelatie. 'Ik zie haar nooit alleen. Altijd in aanwezigheid van de kinderen of de hofdames.' Uit het relaas blijkt dat hij medelijden heeft met het isolement waarin de tsarenfamilie leeft. 'De tsarina kan iedereen om advies vragen, maar ze vertrouwt niemand. Alleen mij, omdat ik haar veel geef. Niemand zou willen leven zoals zij. Alleen ik geef hun de aandacht en de tederheid in het leven die zij nooit hebben gekend.'

Dan, volgens de verslaglegster, demonstreert hij haar wat genegenheid in zijn ogen betekent. Hij is een *starets*. Het is een woord dat zich moeilijk laat vertalen. Het is de aanspreektitel voor een monnik, een halve heilige, een wijze onder de wijzen. Zijn ogen komen dicht bij de hare en ze voelt dat ze aan zijn wil is overgeleverd. Met een icoon in de handen bidden zij samen. Als de plotseling heftige emotie voorbij is ziet ze een vriendelijk, zwetend gezicht waar de haren als zeewier aan vastplakken. 'De passie was snel voorbij. Hij nam afscheid van me met een afstandelijke kus van een geestelijke.'

Er zijn vele verhalen die naar boven borrelen op het akelige binnenplaatsje van zijn flat. Als ik omhoogkijk zie ik een getralied raam. Petersburg op zijn depressiefst. Maar Raspoetin is op weg naar zijn bezoek aan Joesoepov. Hij komt het paleis niet binnen via de hoofdingang aan de kade, maar door een zijdeur die direct naar de kelderruimte leidt. Het eerste dat hij te horen krijgt is dat Irina, de vrouw van Joesoepov, helaas toch heeft besloten om naar de Krim te gaan. Beseft Raspoetin dan dat hij in een val is gelokt?

De grammofoon speelt *Yankee Doodle Went to Town*, weet ook onze gids Lena heel zeker. Er staat een oude grammofoon met een wasplaat om dit te bewijzen. De samenzweerders hebben cyaankali als middel gekozen om de moord uit te voeren. Het gif gaat in de Krimwijn, maar alcohol blijkt een neutraliserende werking te hebben. Ook gaat het poeder in de versgebakken cakes en andere zoetigheden die op tafel staan als Raspoetin binnenkomt. Zijn trek is niet erg groot en bovendien hebben de samenzweerders over het hoofd gezien dat de werking van opgewarmde cyaankali door de glucose van het gebak wordt geremd.

Nog een bijkomend probleem. Raspoetin heeft die avond geen zin in drank en eten. Deze grote innemer, die nooit een feestje overslaat, heeft het kennelijk niet naar zijn zin in het stijf ingerichte kelderkamertje van de Joesoepovs. Na aandringen drinkt hij met mate en eet met lange tanden. De jonge Feliks raakt langzamerhand door zijn gespreksstof heen en intussen vertoont de monnik geen enkel teken dat het gif zijn vernietigende werk doet in zijn lijf. Hij laat zijn gast een ogenblik alleen.

Er volgt haastig overleg met enkele van de samenzweerders die in de salon op de eerste etage wachten op de dood van de man die zij als grootste vijand van Rusland zien. Joesoepov besluit zijn beperkte ervaring als schutter in te zetten om een eind te maken aan de plaag die Rusland heeft getroffen. Hij daalt weer af in de kelder waar Raspoetin zich over een kunstwerk met een kruis heeft gebogen. De eerste schoten uit het pistool komen in Raspoetins rug. Hij blijkt van ijzer. Hij overleeft de eerste salvo's. Hij heeft zelfs de kracht Felix aan te vallen en hem half te wurgen. Hij ontvlucht de kelder. Buiten vallen opnieuw schoten. Is het weer Joesoepov? Of een onbekende derde partij in het drama? Onze gids Lena zegt met gevoel voor understatement: 'De kogels hebben Raspoetin overal getroffen. Ze waren niet erg gericht. Maar volgens het politierapport was er achter in de schedel een kogelgat dat er op wijst dat de schutter wist wat hij deed.' Met andere woorden, iemand van buiten heeft het karwei afgemaakt. Raspoetin lijkt nu dood. Een gereedstaande auto vervoert het lijk naar de Kleine Neva, waar hij onder het ijs wordt geschoven bij de Petersbrug. Enkele dagen later wordt het lijk gevonden. Zelfs toen de *starets* onder het ijs lag zou hij niet dood zijn geweest. De overlevering wil dat hij zich heeft bevrijd van de windsels waarmee zijn handen waren vastgebonden. Eén hand was geheven als maakte *starets* het begin van het slaan van zijn laatste kruis.

In de vitrines in de Joesoepovkelder zijn de foto's uit het politierapport opgenomen. De foto's laten vooral een totaal verkrampt lijk zien met inderdaad de armen krommend in de lucht gestoken en natuurlijk een close-up van het omstreden kogelgat in de schedel.

Het nieuws over de moord op Raspoetin blijft niet geheim en bereikt ook het Alexanderpaleis, waar de tsarina en haar gezin in een shocktoestand geraken als zij het nieuws horen. De tsarina schrijft terwijl het lichaam van haar wonderdokter en geestelijke steun wordt gebalsemd een paar regels die met een kruis meegaan in zijn kist. Volgens de zuster die het lijk balsemde bevatte de brief de volgende tekst:

'Mijn geliefde martelaar, geef mij je zegen, dat die altijd bij me zal blijven op het droevige en modderige pad dat ik nu alleen hier beneden moet volgen. Herdenk ons van daarboven in uw heilige gebeden.' De hele familie met een paar ingewijden begraven de *starets* in een hoek van het Alexanderpark. De tsaar is ontdaan, vooral omdat hij dan al weet dat de moord het werk is van zijn eigen familie. 'Voor geheel Rusland ben ik vervuld van schaamte dat de handen van mijn verwanten zijn besmet met het bloed van een eenvoudige boer,' zou Nicolaas hebben gezegd op de dag van de begrafenis.

Feliks Joesoepov denkt daar anders over. Hij schrijft in een van zijn vele ontboezemingen over zijn gevoelens na de moord: 'Onze harten waren vol hoop. Wij (de samenzweerders) waren ervan overtuigd dat wat net heeft plaatsgevonden Rusland en de dynastie heeft gered van de ondergang en schande.'

Toen de monnik maar niet dood wilde had Joesoepov helemaal geen twijfel meer: 'Ik realiseerde me nu wie Raspoetin werkelijk was. Het was de reïncarnatie van Satan zelf die mij in zijn greep hield en die mij niet wilde loslaten tot aan mijn dood. Maar ik heb mijzelf weten te bevrijden.'

Joesoepov en zijn handlangers zijn op de dag van de moord niet bekend met de profetie die Raspoetin in het Alexanderpaleis niet lang voor zijn dood heeft gedaan aan de tsarina.

'Als ik met geweld uit dit leven word verwijderd zal jullie hetzelfde overkomen,' voorspelde de 'starets'.

Dat proces begon al kort na zijn dood. De Romanovfamilie is door de gebeurtenis geheel uit elkaar gevallen. Er zijn weinig graven en groothertogen die het land nog kunnen redden. Het geloof dat Petrograd ooit weer Petersburg wordt, het centrum van een keizerrijk, vloeit snel weg uit de straten van Petrograd. De moord op Raspoetin zet een mechanisme in werking dat niet meer lijkt te stoppen. De keizerlijke familie raakt steeds meer geïsoleerd en vooral Alexandra weigert de realiteit onder ogen te zien. Groothertog Aleksandr Michajlovitsj (Sandro) is een jeugdvriend van Nicolaas II. Begin februari 1917 tekent hij in zijn dagboek het verslag op van zijn laatste visite aan het tsarenechtpaar. Sandro doet een beroep op beiden de ogen te openen en in te zien dat alleen drastische maatregelen de monarchie kunnen redden. Alle beschermelingen van Alexandra, vaak volgelingen van Raspoetin, moeten uit de regering. Er moeten bestuurlijke hervormingen komen, de macht moet worden gedeeld. Hij schreeuwt, smeekt en vraagt op zachte toon zijn advies niet in de wind te slaan. Tsaar Nicolaas zwijgt en zijn vrouw Alexandra zegt koeltjes dat haar man een autocraat is en dat zal blijven. Op 15 maart van dat jaar doet Nicolaas afstand van de troon. Op 22 maart wordt het lichaam van Raspoetin op last van de tijdelijke regering opgegraven en gecremeerd. Uiteraard blijft ook dat feit niet zonder legende. Het lichaam wilde niet branden en is alsnog op een geheime plek begraven, wil de overlevering. En zo waart Raspoetins geest nog altijd rond in Petersburg.

De samenzweerders die de moord op Raspoetin hebben beraamd worden niet juridisch aangepakt, maar slechts verbannen naar hun buitengoeden in de provincie en een enkeling naar het front. Voor de meesten blijkt deze 'straf' tevens hun redding. Zij ontspringen de dans als de revolutie uitbreekt. Feliks Joesoepov zal in ballingschap in Parijs via boeken en voordrachten nog jaren teren op zijn heldenrol in de vermetele poging tsaristisch Rusland van de ondergang te redden. Hij is begraven in het familiegraf op de bekende Russische begraafplaats bij Parijs, Sainte-Geneviève-des-Bois.

Maria Raspoetin, die samen met haar vader woonde in het flatje aan de Gorochovajastraat, komt in 1930 met een boek *De roman van mijn leven* dat een rehabilitatie moet zijn van haar vader. Ook zij is aan de revolutie ontsnapt en sleet haar leven niet ver van Los Angeles.

's Avonds ga ik mijn Raspoetindag verwerken in restaurant Aquarium. Het is in 1997 weer opengegaan. De keuze is niet toevallig. Volgens de overlevering is Aquarium de plek waar Raspoetin zijn vrouwen versierde, waar hij tot diep in de nacht genoot van het goede Petersburgse leven. Het restaurant van nu lijkt niet op het restaurant uit Raspoetins tijd. De huidige eigenaren hebben er een luxe Chinees restaurant gevestigd. Het is er keurig. Op de kaft van de menukaart is een korte geschiedenis te lezen van het restaurant. Zoals altijd in Rusland en zeker in Petersburg is de geschiedschrijving onvolledig. Essentiële zaken ontbreken of zijn gemaskeerd. Het restaurant dat in 1888 opening was meer een luxe bordeel. De elite liet zich hier vermaken. De tekst op de menukaart maakt er slechts melding van dat het restaurant toen ook al ging voor exotische smaken en een Franse sfeer. Niets over dames van lichte zeden en aparte kamers waar de heren zich ongestoord tijdens het diner konden vermaken met de dames. Ook geen vermelding dat Raspoetin tot de stamgasten behoorde en een zeer intensief gebruiker was van genotkamers.

Wel kleine hints dat in Aquarium een pikante sfeer heerste voor die jaren. De eerste missverkiezingen in Rusland vonden er plaats. Bovendien raakte de plek bekend als 'the place to be' voor de liefhebbers van pikante operettes. Het was kennelijk de tegenhanger van zwaarwichtige cultuurpaleizen als het Mariinskitheater. Het restaurant annex theater verwierf ook faam vanwege de beschikbaarheid van ansichtkaarten met afbeeldingen van naakte vrouwen. 'Maar dit alles in de culturele sfeer,' haast de menukaart te zeggen.

In 1910 verzonnen de uitbaters weer wat nieuws om klanten te trekken. Schaatsen werd populair. In de tuin kwam in de winter een schaatsbaan. De ernst van de tijdgeest gaat ook niet aan Aquarium voorbij. Als de Eerste Wereldoorlog uitbreekt in 1914 verandert het lustoord al snel in een lazaret voor de gewonden van het front. Na de revolutie gaat het snel bergafwaarts met Aquarium. In 1926 geeft dictator Jozef Stalin het hele complex aan de studio's van Lenfilm. In de kamers waar de heren zich vermaakten met de dames komen propagandafilms voor de communistische heilstaat van de montagetafels.

Ik kijk naar de vissen die inderdaad tot in het plafond zwemmen. Geen idee of Raspoetin hier ook naar zulke enorme waterbakken vol siervissen heeft kunnen kijken. De man uit het Siberische dorp Pokrovka moet inderdaad zijn ogen hebben uitgekeken toen hij in het decadente Petersburg neerstreek. Als 'starets' mag hij een bijzondere relatie met God hebben gehad, maar hij had in elk geval de gave uit het leven te halen wat er in zat. De vraag blijft of hij de moderne geschiedenis van Europa ook heeft beïnvloed met zijn rol in de besluitvorming aan het keizerlijke hof. Hij lijkt meer voort te leven als een legende en als algemene aanduiding voor niet zo frisse politieke intriges.

Die intriges blijven Petersburg achtervolgen. We zeiden het al eerder, iedere keer duwt een krachtige hand het paradijs van Peter de Grote naar de rand van de afgrond. Iedere keer ontloopt de stad het noodlot door een toevallige wending in de geschiedenis. Met de revolutie van 1917 begint een onttakeling die onherstelbaar lijkt. De stad verliest haar status als hoofdstad. Stalin vreest, als hij de macht heeft overgenomen na de dood van Vladimir Lenin in 1924, de oppositie in Leningrad. Hij benadert de stad met het grootst mogelijke wantrouwen.

Op cultureel gebied blijft de stad zich op een eigenzinnige manier ontwikkelen met bijvoorbeeld in de schilderkunst de opkomst van de avant-gardekunst van mensen als Kazimir

Malevitsj. De stroming wordt al snel verboden maar de meeste werken van zijn volgelingen zijn in het Russisch Museum gelukkig bewaard gebleven, al mochten zij niet meer worden tentoongesteld vanwege 'het decadente bourgeoiskarakter' van de schilderijen. Ze zijn nu tientallen miljoenen euro's waard op kunstveilingen over de hele wereld.

Stalin zendt in 1926 zijn vertrouweling Sergej Kirov naar de stad die net de naam Leningrad heeft gekregen. Lenin (Oeljanov), Stalin (Dzjoegasjvili) en Kirov (Kostrikov), deze kinderen van de revolutie, behielden hun 'nom de guerre'. Ze keerden in feite nooit terug naar het normale leven. Ze voelden zich veilig achter deze schuilnamen. Ze werden een ander 'ik'. Kirov wordt partijleider in een stad die naar lucht hapt. Vreemd genoeg wil dit lid van de 'gestaalde kaders' zich presenteren aan de culturele elite van de stad als een 'democraat'.

Men was bang dat Stalin hem had gestuurd om de kunsten onder controle te brengen. In feite moedigde hij de ontwikkeling van het moderne ballet aan. Tot veler verrassing bleek hij ook nog eens belezen. Kirov blijkt een voorloper te zijn van 'het communisme met het menselijke gezicht', dat Michail Gorbatsjov halverwege de jaren tachtig van de vorige eeuw introduceerde.

In het Smolny-instituut waar de partijleiding van Leningrad haar intrek heeft genomen vormt zich een blok in de partijtop dat weliswaar Stalin vereert, maar niettemin vindt dat er ruimte voor discussie moet zijn. De Kirovlijn is populair in de partij. Bij de stemmingen voor de leden van het politbureau op het 17e partijcongres in 1934 krijgt Kirov zelfs de minste tegenstemmen en Stalin de meeste.

Is dat de inleiding tot de 'moord van de eeuw'? Ik heb in de Sovjettijd nog net wat voetstappen kunnen zetten in Smolny, de zetel van de partijleiding in de stad. Ik heb er toen alle historische plekken bekeken die gewijd zijn aan de revolutie. Na bijna twintig jaar ga ik er terug in een poging de sfeer van weer een mysterieuze moord met zulke vérgaande consequenties voor de geschiedenis van de stad en wellicht heel Europa. Natalja wacht me op bij de beveiliging in de hal beneden. Ze wuift met een papier. Mijn nieuwsgierigheid kost me 1.500 roebel (ongeveer 40 euro). Ik teken voor de kosten en betaal. Natalja dribbelt zenuwachtig weg met het papier en het geld. Na vijf minuten is ze terug. 'Ik vind dat altijd de vervelendste kant van zo'n speciale excursie,' zegt ze opgelucht.

Smolny was de eerste keer dat ik er kwam een soort bedevaartsoord. Zoals een gelovige moslim niet zonder zijn tocht naar Mekka kan, zo kon een rechtgeaarde communist zijn leven niet compleet maken zonder het Smolny te hebben bezocht. Hier gebeurde het tenslotte. Hier zette Lenin de Sovjet-Unie in elkaar. Natalja weet van mijn eerste bezoek. De onwezenlijk lange gangen met hun hoge plafonds en krakende parketvloeren bestaan gelukkig nog altijd. Ook de talloze deuren waar mensen in en uit snellen met mappen onder hun armen zijn er nog. Ik concludeer dat de bureaucratie ondanks de veranderende tijden aardig heeft standgehouden in het Smolny.

Ik kan zo naar het appartement van Lenin lopen, maar hier grijpt Natalja in. Zij zegt: 'Ik weet waarvoor u komt, maar we moeten niet te hard van stapel lopen. Toen u hier voor het eerst was, was het de opdracht van ons om een eenzijdig beeld te geven van de geschiedenis van Smolny, het kloppend hart van de communistische revolutie in haar eerste dagen. Dat hoofdstuk hebben we in 1991 na de omwenteling afgesloten.'

Natalja kiest haar woorden voorzichtig. Na de mislukte couppoging van 'de redders van de Sovjet-Unie' besloten de democraten in Petersburg een eind te maken aan de symbolen die een goddelijke verering inhielden van het communisme. De zaal waar Lenin de eerste grondwet van de Sovjetunie proclameerde, zijn flat in Smolny, de plek waar Kirov is vermoord, alles verloor zijn glans en zijn waarde. De democraten namen bezit van het bestuurscentrum. 'In 1992 bereikten we een compromis met het nieuwe stadsbestuur. De museumruimten gingen weer open in het Smolny maar nu onder de naam 'Museum van de politieke geschiedenis van

Rusland'. Dus beginnen we nu eerst met de meisjes van het Smolny.' Op de eerste etage draait ze kordaat de sleutel in een deur die toegang geeft tot 'de aristocratische geschiedenis van het Smolny', zoals Natalja het plechtig noemt. Het Smolny-paleis is in 1764 gesticht als een meisjesinternaat. Meisjes uit de welgestelde kringen konden op voorspraak van Catharina de Grote en haar opvolgers hier worden opgenomen om in zeven jaar tijd tot een dame te worden gekneed, met de beste manieren en net genoeg onderwijs om in het Russisch en het Frans onderhoudend mee te converseren met de gasten en domme vragen te vermijden. De ruime hoeveelheid foto's die bewaard is gebleven geeft een aardig sfeerbeeld van de wereld van de elitedames. De afgestudeerden kregen een Catharinabroche zodat een ieder meteen kon zien dat ze 'het Smolny hadden gedaan'. Leuke bijkomstigheid van de broche was dat dit afstudeerinsigne meteen recht gaf op een staatspensioen. Financieel onafhankelijke vrouwen in het Rusland van de achttiende eeuw? 'Ja, Rusland was bepaald geen achterlijk land in die jaren. De Smolniki waren daar een bewijs van. De zeven jaren van studie, koken zat ook in het lesrooster, waren hard. Er heerste een kazernediscipline. Alleen de onderwijzeressen hadden een eigen kamer. De meisjes sliepen op zalen. Een keer per maand kwamen de kadetten voor een bal, maar er werd op toegezien dat er geen dingen werden gedaan die niet door de beugel konden,' aldus Natalja. Welke dingen? Jongens en meisjes in de puberleeftijd bij elkaar. Er gebeurde toch wel eens wat! Natalja, ondeugend kijkend: 'In de archieven hebben we wel briefjes aangetroffen die de kadetten achterlieten voor de dames, maar die briefjes werden natuurlijk onderschept.'

De dames kwamen toch wel goed terecht, neem ik aan. Natalja: 'Dat spreekt. Voor de Smolniki lag de wereld aan hun voeten.' Het instituut is in 1917 een plotselinge dood gestorven. Het was al zo onrustig in de hoofdstad in de maanden in de aanloop naar de revolutie dat alle ouders hun dochters liever thuis hielden na het zomerreces.

De draad van de politieke geschiedenis van Rusland pakken we op in de aangrenzende kamers. Natalja: 'De geheime flat van Lenin en zijn vrouw Nadezjda Kroepskaja.' Dit kale onderkomen ken ik van mijn eerste bezoek. Hij is er ingetrokken nadat de onderwijzeressen de kamers hadden ontruimd. Hij heeft er, op de kop af, slechts 124 dagen gewoond. Natalja: 'Maar hij werkte dag en nacht. Aan deze tafel heeft hij 33.000 documenten met de hand geschreven. Die zijn nu allemaal in Moskou.' Het lijkt me een overdreven aantal. Misschien kan het. Sommige geschiedschrijvers hebben de leider van de revolutie immers omschreven als een emotioneel gestoorde persoonlijkheid.

Natalja, heel beslist: 'Nee, dat geloof ik niet. Ik heb de documenten zelf gezien. In 1991 hebben we ze voor alle zekerheid in veiligheid gebracht in Moskou. Weet u, Lenin was een gewoon mens. Hij hield erg van Beethoven. Hij was geen slechte zanger.' Natalja, een grote wijze bril op haar neus, is te aardig om tegen te spreken. Automatisch volgen we Natalja's voorbeeld als zij met een eerbiedig hoofdknikje haar vertrek aankondigt uit de kamers. Alsof zij de hoofdbewoner Lenin niet wil storen bij het schrijven van zijn zoveelste duizendste document. Met de hand natuurlijk.

We lopen linksaf weer de hoofdgang in op de eerste etage. Op weg naar de plek van 'de moord van de eeuw'. De mysterieuze moord op Sergej Kirov, de lieveling en tegelijkertijd rivaal van de schizofrene Stalin. Natalja's stem gaat omlaag. Op de hoek van de kleine afslag staan breedgeschouderde lijfwachten. Natalja, bijna op fluistertoon: 'In deze gang is het gebeurd. Maar we kunnen hier niet blijven staan, want hier werkt de gouverneur (op dat moment Valentina Matvijenko). Vanwege mijn betaling van 1.500 roebel voor de exclusieve excursie heb ik natuurlijk wel het recht om even op de plek te staan waar het lot van de Sovjet-Unie een wending nam en de hele wereldgeschiedenis.

Natalja neemt me mee naar de tweede etage waar hetzelfde gangenstelsel is. 'Nu staan we recht boven de plek waar het gebeurd is,' probeert Natalja mijn teleurstelling weg te praten. Natalja begint haar verhaal: 'Eind november 1934 dreigde er weer eens een overstroming in Leningrad. Kirov keerde daarom versneld uit Moskou terug...' Natalja draait het verhaal van de moord op Kirov monotoon af. Mijn gedachten dwalen af naar het einde van de jaren tachtig. Gorbatsjov had heel wat losgemaakt met zijn perestrojka en glasnost. De archieven van staat en partij gingen open. Historici en kroniekschrijvers stortten zich gretig op de papierberg en aten zichzelf er snel doorheen. Dat resulteerde in het ene na het andere boek, ook over Stalin.

Het aardigste boek was dat van de hand van kolonel-generaal-historicus Dmitri Volkogonov, *Triomf en tragedie, een politiek portret van Jozef Stalin*. Volkogonov was zo verguld dat hij als eerste zijn ogen mocht laten gaan over documenten die decennia lang verborgen waren gebleven. Archiefstukken die het hele verhaal van Stalin vertelden. Volkogonov doet dat op een meeslepende manier. Niet alleen peutert hij feiten uit de documenten, maar hij voorziet ze ook meteen van commentaar. En daar doorheen laat hij de dictator lurken aan zijn pijp. Weet hij zeker wanneer hij op zijn 'nabije datsja' uit het raam kijkt of wanneer hij in zichzelf een verwensing mompelt? Ik interviewde Volkogonov meteen na het uitkomen van zijn boek in 1989. Een aimabele man. In het moderne Rusland mag je weer positieve dingen over Stalin zeggen. De krachtige leider die Rusland in snel tempo industrialiseerde en leiderschap toonde in de Tweede Wereldoorlog. Zijn rol als massamoordenaar is naar de achtergrond gedrongen omdat dat beter in de nationalistische filosofie past van het moderne Rusland.

Volkogonov moest daar niets van hebben. 'Geen enkele verdienste rechtvaardigt onmenselijkheid,' vertelde hij mij. De generaal werkte tien jaar aan zijn boek. Dat was in een tijd dat er weliswaar officieel een grotere openheid ontstond, maar Stalin in legerkringen nog altijd een onaantastbaar fenomeen was. 'Het werken aan het boek heeft mij menige promotie gekost. Ik ben bedreigd en onder druk gezet mijn werk stop te zetten. Ik kon niet stoppen. We zijn bezig aan het herschrijven van onze geschiedenis, omdat zoveel tot nu toe onbekend is gebleven.'

De militair putte zijn belangstelling uit zijn eigen verleden. Als jongeman was hij een overtuigd stalinist. De vreemde dubbele wereld waarin zoveel Sovjetburgers leefden. Volkogonov verloor zijn ouders als 'vijanden van het volk'. 'Maar ik had geluk. Ik werd niet gescheiden van mijn broer en mijn zus. Samen zijn we opgegroeid in kindertehuizen. We kregen een goede opleiding van de staat. Daarvoor was ik dankbaar. De ontluistering van Stalin in 1956 heeft me aan het denken gezet. Dat was mijn breuk met het stalinisme en zette een kracht in mij in werking de waarheid te achterhalen. Die kracht heeft geleid tot dit boek.'

En tot welke conclusie moeten de lezers van uw boek komen, zelfs zij die nog altijd geloven in Stalin als een vader des vaderlands?

'Zij kunnen net als ik, maar tot één conclusie komen: Dat Stalin helaas zal voortleven als de grootste tiran uit de moderne geschiedenis.' De generaal overleed in 1995.

De bladzijden die Volkogonov in zijn boek wijdt aan de moord op Kirov zijn dan ook de aardigste van alle andere lezingen en boeken die bijna tegelijkertijd uitkwamen aan het eind van de jaren tachtig en in het begin van de jaren negentig. Volkogonov: 'Toen op het 17e partijcongres congresvoorzitter P.P. Postysjev aankondigde: "Het woord is aan kameraad Kirov," ging er een ovatie door de zaal. Iedereen was opgestaan. Ook Stalin. De zaal klapte voortdurend voor die andere "lieveling van de partij". Waarschijnlijk was alleen Stalin door de congresafgevaardigden een dergelijke ontvangst ten deel gevallen. Kirovs rede was de meest heldere, sappige en informatieve.' Volkogonov verwijt Kirov wel dat hij niet de burgermoed heeft opgebracht om Stalin tijdens dat congres te bekritiseren. Stalin ging toen al letterlijk over lijken en Kirov vond dat de revolutie eindelijk eens voorbij moest zijn.

De historicus is duidelijk teleurgesteld dat hij geen hard bewijs heeft kunnen vinden voor de theorie dat er na het succesrijke 17e congres voor Kirov een verkoeling was opgetreden in de verhouding tussen 'de vrienden en de geliefde broeders'. Hij schrijft dat voornamelijk toe aan de kunst van Stalin zijn gevoelens en plannen verborgen te houden.

Volkogonov beschrijft hoe Kirov en zijn kameraden tevreden huiswaarts gingen na een plenum van het Centraal Comité in Moskou. De rantsoenering van veel levensmiddelen zou worden afgeschaft. 'We kunnen eindelijk de werkende klasse het succes van de revolutie laten zien,' zou Kirov hebben gezegd. De sociale Kirov tegenover de autoritaire Stalin die tijdens dezelfde dagen tijdens een zitting met intimi zou hebben gezegd: 'Het Russische volk heeft een tsaar nodig. Geen collectief. Een man tegen wie ze op kunnen kijken. Een man die opdrachten uitdeelt en het land leidt. Die man ben ik.'

Kirov bereidde zich na aankomst in Leningrad thuis voor op zijn redevoering voor het Leningradse partijkader op diezelfde avond van de eerste december. Hij arriveerde tegen half vijf in het Smolny. Volkogonov: 'Hij liep door de gang en groette mensen en wisselde met menigeen een woord. Hij sloeg linksaf een smalle gang in, en liep op zijn werkkamer af. Van de andere kant kwam iemand aanlopen, heel gewoon. Kirov had de deur van zijn werkkamer bereikt. Toen klonken er twee schoten. Mensen kwamen toegesneld en zagen Kirov, die met zijn gezicht naar de grond lag, en de moordenaar met een revolver in zijn hand, die ten prooi was aan een aanval van hysterie…'

De geschiedschrijver begint van dat moment af veel vragen te stellen. Stalin reisde onmiddellijk na het bekend worden van de moord met de partijtop af naar Leningrad. Hij leidde zelf de ondervraging van de moordenaar Leonid Nikolajev. Kirovs populariteit werd ook na zijn dood nog eens onderstreept. Honderdduizenden Petersburgers namen afscheid van de partijleider die lag opgebaard in het Taurisch Paleis. 'Het publiek besefte dat deze moord geen toeval was. Dit was een voorbode van slechte tijden,' schreef een Leningrader in zijn dagboek. Kirovs lichaam was nog niet overgebracht naar Moskou om te worden bijgezet in de Kremlinmuur of een golf van arrestaties spoelde over de stad. Honderden partijfunctionarissen, vooraanstaande figuren uit het culturele leven.

Ljoebov Sjaporina's dagboek is een van de weinige documenten waarin verslag wordt gedaan van wat later het begin zou blijken te zijn van de Grote Terreur, waarin tot aan de Tweede Wereldoorlog miljoenen Sovjetburgers hun leven verloren. Haar teksten vonden hun weg naar de dikke pil *Petersburg, een culturele historie.* Zij schrijft: 'De woorden executie en neerschieten werden zulke algemene termen in ons dagelijks leven dat ze hun betekenis verloren. Alleen de schaal bleef, een lege combinatie van geluiden. Het had zichzelf overleefd als een vervalste munt.'

Volkogonov somt de merkwaardige omstandigheden op waaronder Kirov is vermoord. Zijn lijfwachten waren in geen velden of wegen te bekennen. De moordenaar was al een aantal keren eerder aangehouden met een wapen op zak, maar telkens vrijgelaten. Iedereen die getuige had kunnen zijn van de toedracht en kennis kon dragen van de ware achtergronden van de moord is door Stalin om het leven gebracht. Voor de geschiedschrijver is er weinig ruimte meer voor twijfel. Hij schrijft: 'Nu we Stalin kennen, zijn uitzonderlijke wreedheid, trouweloosheid en verraderlijkheid, kunnen we heel goed aannemen dat hij de hand in de moord heeft gehad. Een van de directe aanwijzingen daarvoor is het uit de weg ruimen van twee, drie "lagen" potentiële getuigen. En daaraan kunnen we Stalin herkennen.'

Vervolgens veranderde Stalin de strafwetgeving in zo'n snel tempo dat iedereen de draad kwijtraakte. Toen de draad weer werd opgepakt was het te laat. De term 'vijand van het volk' was geboren en voor die misdaad was niemand meer veilig. Eenmaal aangewezen als 'vijand' waren vrouw en kinderen automatisch 'medevijand'. In Leningrad was al snel praktisch geen familie meer te vinden die niet met de terreur te maken kreeg. Petersburg en Petrograd verloren niet alleen hun status als hoofdstad. De stad verzette zich als Leningrad nog heftig tegen de nieuwe tijd, vooral met de cultuur als wapen. Maar tegen deze terreur bleek niets bestand. De voorspellingen uit het verleden dat de stad zou vergaan en niets zou resten dan een dorre vlakte leken waarheid te worden. De prachtige gevels veranderden in verstilde decors van een stad die in angst leefde. Waar mensen op straat zich als stille schimmen voortbewogen. Angst heerste overal. Of zoals een kroniekschrijver het omschreef: 'Een crimineel kan maatregelen nemen om aan zijn arrestatie te ontsnappen. Hij kan onderduiken, een valse identiteit aannemen. Een onschuldige heeft geen verweer. Je wist niet of je morgen een spion was, een vijand van het volk of een verrader van de revolutie. Je was schuldig zonder verweer. Iedereen wachtte af, liet zich wegvoeren en bekende de meest absurde zaken. Wat kun je anders doen als niet-crimineel?'

Die verandering in het leven begon hier in het Smolny. Ik keer terug naar de gang boven de plek waar Kirov op zijn snuit heeft gelegen. 'Omdat de moordenaar kleiner was dan Kirov doorboorde de kogel van beneden af zijn schedel zodat hij meteen tegen de grond sloeg,' hoor ik Natalja zeggen. Ik ben weer bij de les. Natalja kijkt me streng aan en zegt: 'Het motief voor de moord blijft onopgelost. Kirov zou een liefdesrelatie hebben gehad met de vrouw van Nikolajev, zijn moordenaar. Anderen noemen dat onzin. Kirov was een familieman.' 'De rol van Stalin?' vraag ik. Natalja is voorzichtig in haar antwoord: 'Een van de taken van de wetenschappelijke staf van ons museum is het antwoord op dit soort vragen te achterhalen.'

Ik denk dat het antwoord simpel is. Lees Volkogonov. In Leningrad heersten van het begin af weinig twijfels over wie er achter de moord zat. In de altijd actieve culturele kringen van de stad circuleerden er meteen al smaadschriften. 'De vreselijkste dingen worden almaar vreselijker. Stalin heeft Kirov te grazen genomen in de gang.' Maar ook officieel mocht er getreurd worden om de dood van Kirov. Een dode Kirov leverde voor Stalin immers geen gevaar meer op. In *Izvestija* dichtte Nikolaj Zabolotski:

> *Afscheid! Een woord van rouw!*
> *Een woordeloos donker lichaam.*
> *Van hoog over Leningrad keek streng*
> *De koude hemel neer...*

Parken, steden, fabrieken, sporttoernooien en metrostations krijgen de naam van Kirov. Zijn enorme standbeeld staat nog steeds op het gelijknamige plein in Petersburg. Het beroemde Kirovballet keerde na de omwenteling van 1991 weer terug naar zijn oorspronkelijke keizerlijke naam. Een historisch juiste beslissing, die niet was bedoeld om Kirov te onteren. In tegenstelling tot andere revolutionairen bleef Kirov overal in de voormalige Sovjet-Unie overeind. Behalve in Bakoe in Azerbajdzjan waar hij ooit begon als partijsecretaris. Maar dat beeld had ook een onmenselijke omvang en hing als een reusachtige boeman in de heuvels boven de stad. Ook dat was meer een esthetische beslissing dan een politieke.

Er zijn geen bewijzen voor dat Kirov de Gorbatsjov van de jaren dertig was. Er zijn geen bewijzen voor, net zo min als na de moord op Raspoetin, dat de geschiedenis een andere minder bloedige wending zou hebben genomen in de vorige eeuw als de menselijke lijn Kirov het had gewonnen van de meedogenloze Stalinlijn. Er zou wellicht geen Goelag zijn geweest, de concentratiekampen waarin Stalins 'vijanden van het volk' werden vermalen. Misschien zou de Tweede Wereldoorlog zelfs korter hebben kunnen duren? Er zou wellicht geen Koude Oorlog zijn geweest. De vragen blijven onbeantwoord nadat, om met Natalja te spreken, Kirov in het Smolny levenloos op zijn snuit viel.

Ik sjok nog even met Natalja mee die haar speciale excursie natuurlijk wil afmaken. Tot mijn verrassing hangen de 90 artikelen van de grondwet van de Sovjet-Unie die Lenin schreef nog steeds aan de wand op de tweede etage. Een marmeren wand met gouden letters. Natalja wijst op haar favoriete artikel uit de grondwet: 'Wie niet werkt bestaat niet.'

De Sovjetzaal is er ook nog waar de Leningradse Sovjet van 1930 af vergaderde. Een sombere zaal. Een groot contrast met de in oude luister herstelde balzaal waar de Smolniki hun kadetten ontvingen voor het maandelijkse bal en waar zij heimelijk briefjes uitwisselden met hun jonge geliefden. De zaal is nu in gebruik voor belangrijke gebeurtenissen, zoals het ondertekenen van contracten tussen Petersburg en zijn investeerders.

Teruglopend over de parketvloeren naar de centrale paradetrap en de uitgang bedenk ik dat het Smolny in zijn geschiedenis altijd verbonden zal blijven aan 'de moord van de eeuw'. In het park voor het paleis zit ik nog een tijdje in de zon. Het is er druk. Moeders met kinderwagens, hier en daar een vrijend stel. Ik las laatst een opiniepeiling waarin aan jongeren onder de dertig in Rusland een aantal namen van revolutionairen was voorgelegd. Kirov scoorde een nauwelijks meetbare herkenning van 0,5 procent. Stalin deed het uiteraard veel beter. Ik heb er nog eens een Russisch geschiedenisboekje op nageslagen. De naam Kirov kom je er niet tegen. In Petersburg leeft hij een beetje voort. Hoeveel van de moeders achter de kinderwagens weten op welke historische plek zij de toekomst van Petersburg voortduwen? De 23-jarige Jevgeni die de speciale, uitzonderlijke excursie in Smolny voor mij organiseerde, zit naast me op het bankje. Hij zegt: 'Ik wist eerst niet waarom je dit zo graag wilde. Ik moet je eerlijk bekennen dat ik eigenlijk niet meer wist van Kirov dan dat hij een van de revolutionaire leiders was van het begin en partijleider in Leningrad. De moord en de achtergronden, daar wist ik eerlijk gezegd niets van.' Jevgeni is een afgestudeerd bioloog. Kirov had geen Boney M om hem wereldberoemd te maken.

Petersburgse silhouetten

Een gedenkteken voor enkele slachtoffers van het beleg van Leningrad

Hoofdstuk 7

De blokkade,
een ontsnapping aan de woestenij

'Niemand is vergeten en niets is vergeten', staat er op het enorme monument op de weg naar het vliegveld Poelkovo. Afdalend onder de geweldige zuil komen je, de klok rond, de klanken van treurmuziek tegemoet. Het is allemaal in Sovjetstijl en pompeus. Het is een van de monumenten waarmee Petersburg de slachtoffers eert van de blokkade van Petersburg in de Tweede Wereldoorlog. Van september 1941 tot januari 1944, 900 dagen, legden de legers van Adolf Hitler een ijzeren ring rond de stad, althans zo heet het in de officiële lezing van de geschiedenis.

De stad telde voor de oorlog drie miljoen inwoners. De helft van de bevolking of meer kwam vermoedelijk om het leven. Statistische gegevens waren en zijn nog altijd notoir onbetrouwbaar in Rusland. Tijdens de blokkade was er geen tijd voor accuraat telwerk. De lijken werden geruimd en de levenden sleepten zich voort naar hun eigen onvermijdelijke einde of, voor de enkeling, naar de verlossing uit dit onmenselijk lijden.

Leningrad was een decor van het grootste drama uit zijn geschiedenis. De stad was voor de eerste keer zelf theater. De Leningraders, acteurs in een levensechte maar onvoorstelbare thriller, stervend onder de voortdurende bombardementen of uitgeput door honger en kou. Het paradijs van Peter de Grote wankelde. Nooit is in de geschiedenis van de stad de uitkomst van de vele profetieën, dat het slecht zou aflopen met dat paradijs, zo dichtbij gekomen.

Tsaar Peters eerste vrouw Jevdokija voorspelde dat van Petersburg uiteindelijk niet meer dan een lege huls zou overblijven. De stad ontsnapte als een wonder aan die sombere voorspelling. Als ik in de imposante Sovjetkuil rondloop, waar eeuwige vlammen zich mengen met de flarden van de treur-muziek, ben ik net terug van een lang gesprek met een kind van de blokkade. Uit die persoonlijke gesprekken krijg je pas een indruk van de omvang van het drama van de blokkade.

Maar ook van de verwarring die er nog altijd is over welke plaats deze massamoord in de geschiedenis moet krijgen.

Mijn kind van de blokkade, Margarita Grigorjevna Sjacht-jor, laat trots haar identificatiekaart zien die haar in de stad het recht geeft op allerlei voordelen als 'blokkadekind'. Ze krijgt een pensioen van 10.000 roebel (zo'n 270 euro) per maand. De helft daarvan is haar pensioen als onderwijzeres en de andere helft zijn de toeslagen die zij krijgt als blokkade-kind. 'Ik heb in 1960 ook een medaille gekregen. Men was toen nog trots op de geschiedenis van de stad. De nieuwe ge-neratie interesseert het niet meer. Ik blijf zolang ik leef mijn stad ook Leningrad noemen, want dat is de stad waar we heb-ben geleden en waar we het fascisme hebben overwonnen.' Margarita is 74 jaar.

Het waren vooral de kinderen van de blokkade en natuur-lijk de communisten die zich het felst weerden tegen het ver-anderen van de naam Leningrad. De democraten legden in het begin van de jaren negentig in een referendum aan de bevol-king de vraag voor of de historische naam Sint Petersburg moest terugkomen. De discussie was beladen met emoties. De overlevenden van de blokkade, zoals Margarita, noemden de naamsverandering 'landverraad'. Op de stafkaarten van Hitlers generaals stond Leningrad als Sint Petersburg vermeld. 'Hitler wilde de stad vernietigen en er een Duitse stad van maken onder zijn oude Duitse naam. De democraten vervullen alsnog de wens van Hitler,' luidde het verwijt in het tegenkamp.

De democratische burgemeester Anatoli Sobtsjak vatte de naamsverandering nuchter samen: 'Een kind krijgt bij zijn ge-boorte een naam. Die naam draagt hij zijn hele leven. Petro-grad en Leningrad zijn namen die zijn opgedrongen aan het kind zonder dat hij erom heeft gevraagd. Het is logisch dat het kind zijn doopnaam terugkrijgt.'

Margarita volhardt in haar visie op de naamsverandering. Voor haar is en blijft het Leningrad, maar haar kleinkinderen leven in Sint Petersburg. Zij wijst een van hen terecht. Hij kan mij niet vertellen waar de massagraven zijn van de slachtoffers van de blokkade. 'Ziet u wel,' zegt zij tegen mij, 'de jonge generatie wil het niet meer weten, omdat de jongeren vervreemd zijn van het lijden van Leningrad.' Misschien komt dat ook doordat jonge generaties nogal een verward geschiedenisonderwijs krijgen over deze dramatische episode in de moderne geschiedenis van het land en de stad.

Burgemeester Sobtsjak was ook daarover uitgesproken in zijn mening. In zijn ogen droegen Jozef Stalin en Adolf Hitler in gelijke mate bij aan het lijden van de Leningraders onder een blokkade waarvoor achteraf gezien elke noodzaak ontbrak. In elk geval voor de lange duur ervan. Volgens geschiedschrijvers hoorde Leningrad tot een van Hitlers vele obsessies. Leningrad moest niet worden veroverd, maar worden vernietigd. Hij wilde elke vorm van Russische herkenning van de stad *ausradieren*, inclusief de bevolking. Op de stafkaarten van het Duitse leger stond inderdaad de naam Sankt Petersburg. Ook Hitler leed onder het misverstand dat de naam een Duitse oorsprong had, maar zoals ik al eerder heb aangegeven, de naam Petersburg is door Peter de Grote echt van het Nederlands geleend.

De Duitse generaals hadden in 1941 de stad makkelijk kunnen innemen, maar zij kregen tot hun verbazing bevel halt te houden. Een omsingeling moest tot de stelselmatige vernietiging leiden van de stad en haar bevolking. Een oorlogsmisdaad zonder weerga. Merkwaardig is dat de slag om Petersburg nauwelijks heeft gefigureerd in de Duitse propagandamachine. Des te meer buit Stalin de slag om Leningrad uit in zijn propagandaoorlog. De boodschap is duidelijk: alle offers zijn gerechtvaardigd om het misdadige fascisme te bestrijden. De vraag is alleen waarom dit allemaal 900 dagen moest duren. Zowel in de zomer als in de winter zaten er genoeg gaten in de Duitse omsingeling om meer voorraden naar de stad te krijgen en niet alleen via de Ladoga-meerroute. De waterplas was de levenslijn naar de stad. In de zomer over het water en in de winter over het ijs. Het was een smalle, levensgevaarlijke corridor.

De partijleider van de stad, Andrej Zjdanov, putte zich uit in proclamaties die de bevolking voor de keuze stelden: 'Geef uw leven aan het front, of kies voor dwangarbeid onder de fascisten.' Andere pamfletten herinnerden de bewoners aan de naam Sint Petersburg. Een naam die tot dan toe taboe was verklaard, maar nu ineens 'waard om voor te vechten' was. Ook het symbool van de stad, de Bronzen Ruiter, kreeg bijzondere aandacht. Er bestond een heilig geloof onder de bevolking dat, als de Bronzen Ruiter zou sneuvelen onder de Duitse bombardementen, dit het einde zou betekenen van de stad. De schepping van Falconet werd ingepakt in een beschermende wal van zand en staalplaten.

Het zinloze beleg dat maar duurde tastte ernstig het moreel van de Duitse troepen aan. Waarom Stalin met een offensief niet eerder een einde maakte aan het drama in Leningrad is voer voor vele vragen. Maar zoals zo vaak hebben Rusland in het algemeen en Petersburg in het bijzonder moeite met het op gang brengen van maatschappelijke discussies over dit soort thema's. Geschiedschrijvers willen er ook hun vingers niet aan branden. Zeker niet zolang er nog blokkadekinderen bestaan als Margarita Sjachtjor. De uitkomst zou kunnen zijn geweest dat al het lijden voor niets was. Al die ontberingen en doden die de bewoners van de stad, die het overleefden, hebben opgezadeld met trauma's voor het leven. De geschiedschrijvers die zich op Stalin mochten storten aan het eind van de jaren tachtig, Edoeard Radzinski en Dmitri Volkogonov, roeren Stalins rol in het drama te Leningrad ook nauwelijks aan.

Radzinski haalt net als vele anderen Olga Friedenburg aan om de situatie in de stad te omschrijven, die vrijwel onmiddellijk ontstond nadat de omsingeling door de Duitsers was voltooid. Zij schrijft in haar dagboeken: 'De mensen staan in de rij in de bijtende kou te wachten op de levering van brood dat die naam eigenlijk niet mag hebben. Soms tot tien uur aan een stuk staan ze daar. Elektriciteit is er allang niet meer. De trams rijden niet meer. Apotheken, flats, kantoren zijn in duisternis gehuld. Als je een winkel binnenkomt, moet je zoeken naar het einde van de rij. Je gaat op de stemmen af. Overal branden stinkende kaarsen. Er zijn geen lucifers meer in de stad, stromend water is er ook allang niet meer. Toiletten kun je niet meer doorspoelen. Er is geen brandstof, dus ook geen elektriciteit. Er zijn elke dag bombardementen, overdag en 's nachts, met alleen korte pauzes. Het geluid van ontploffende bommen maakt de mensen gek...'

Er zijn diverse aanvullingen op de beschrijvingen van Friedenburg. In de stad zijn al snel alle honden en katten verdwenen. Opgegeten. Ratten komen op het menu. Voor kannibalisme zijn geen bewijzen, maar in het geruchtencircuit wordt in de stad voor waar aangenomen dat mensenvlees is geconsumeerd.

Friedenburg hekelt de propaganda die Leningraders verheft tot vrijwillige martelaren. In haar verslagen getuigt zij van het tegendeel. De bevolking voelt zich misbruikt. Radzinski nuanceert dat beeld. Overgave zou geen oplossing zijn geweest, want Hitler had opdracht gegeven de stad en zijn bevolking geheel te elimineren. Hij haalt dat uit een geheim document van de Duitse marine: 'De Führer heeft besloten om de stad Sint Petersburg van de aarde weg te vagen... Na de nederlaag van Sovjet-Rusland is er geen belang in het voortbestaan van dit grotendeels onbevolkte gebied. We vormen een hechte blokkade van de stad en zullen haar elimineren met artilleriebeschietingen van alle kalibers en voortdurende bombardementen uit de lucht.'

'Een andere vraag is,' schrijft Radzinski, of 'de Baas' (zoals hij Stalin steevast noemt in zijn boek) de blokkade eerder had kunnen doorbreken. 'Het antwoord op die vraag schijnt een positief ja te zijn. Maar om tactische redenen gebruikte hij het Slavische patriottisme van de mensen die stierven zonder enige vorm van protest en dat 900 dagen lang. Wellicht zou geen andere natie ter wereld dit hebben getolereerd, alleen deze mensen die door hem waren getraind te gehoorzamen. Was dit de waarheid, dat de ene vorm van totalitarisme de andere kon vernietigen? Wat is de waarheid? Vernietigde de ene vorm van dictatuur de andere om de mensheid te redden?'

En daar stopt de geschiedschrijver. Hij laat de antwoorden over aan andere generaties. En Volkogonov neemt in zijn boek slechts enkele telegrammen op waaruit is op te maken dat Stalin zich hoegenaamd niet interesseerde voor het lot van de Leningraders. Zijn enige zorgen waren zijn troepen, die hij koste wat kost uit handen van de Duitsers wilde houden. 'Mensenlevens hadden allang opgehouden een punt van over- weging te zijn in het denken van de opperbevelhebber van het Rode Leger,' is de enige kanttekening die de militair-histori- cus maakt. Luitenant-generaal Volkogonov heeft overal voortdurend zijn conclusies klaar, maar rept met geen woord over Stalins rol in de blokkade van Leningrad en de lange duur ervan. Terug naar de massagraven, het resterende be- wijs van het drama. Ze zijn imposant. De Piskarjovskoje Me- morialnoje Kladbisjtsje (de Piskarjovskoje-herdenkings- begraafplaats) is de plek waar officieel wordt herdacht. Een enorm veld met heuvels die de massagraven uitbeelden. Ook hier dag en nacht die intens trieste muziek. Officiële delega- ties die de stad bezoeken worden hierheen gebracht. Het is groot en het is officieel. Maar indrukwekkender zijn de mas- sagraven die zijn gedolven op het Vasiljev-eiland. Daar ligt de Smolenskoje Kladbisjtsje (de Smolensk-begraafplaats). Het centrale deel van deze aloude begraafplaats is ook ingericht voor de massagraven van de blokkade. De heuvels zijn veel slordiger dan op de officiële gedenkplaats. Je voelt hier de el- lende van de blokkadejaren veel sterker. In deze uithoek van het Vasiljev-eiland moet naarstig gezocht zijn naar een plek om de doden te bergen. Op de officiële gedenkplaats kwamen we niemand tegen. Hier ontmoeten we enkele bejaarde Pe- tersburgse echtparen die er nog altijd, als figuranten in het drama, bijna dagelijks ronddwalen.

Dmitri en Olga lopen stevig arm in arm. Het hoofd licht naar de grond gebogen. Ze lopen niet. Je ziet ze langzaam langs de heuvels schuiven. Je voelt dat het niet gepast is hen op deze kennelijk voor hen rituele wandeling te storen. Dat durf ik pas als ze gaan zitten op een bankje bij de ingang van de begraafplaats, na hun rondgang. Ik vraag: 'Komt u hier vaak?' Dmitri knikt en kijkt ons niet onvriendelijk aan. Hij heeft even geen woorden.

Olga neemt het woord: 'Zeker een keer per week. We zijn nu allebei 84 jaar. We zijn kinderen van de blokkade. Het geeft ons rust hier te wandelen. De blokkade heeft ons hele leven beïnvloed. We hebben meegeholpen de stad weer op te bouwen na de oorlog. We zijn gebleven.'

Waarom?

Dmitri: 'De band met al die doden. Beiden hebben we praktisch onze hele familie en vriendenkring verloren zien gaan. Het leek zinloos te blijven. Vele overlevenden konden het ook niet aan. Je zou kunnen zeggen dat na de oorlog de hele Petersburgse bevolking is ververst. Ik ben achteraf blij dat we zijn gebleven. De plek waar we eigenlijk al tientallen jaren geleden hadden moeten sterven is onze sterke navelstreng met het leven geworden.'

Staat u er wel eens bij stil of al dat lijden wel nodig was?

Olga: 'De vraag of het allemaal zinloos is geweest, die honderdduizenden of misschien wel meer dan een miljoen doden, is te pijnlijk om te onderzoeken. Dat moeten historici maar doen als wij, de overlevenden, zijn verdwenen.'

Hier is geen officiële muziek. Hier ruist de wind op deze voorjaarsdag zachtjes door de bomen. Hier zijn geen ronkende herinneringsteksten. Dit is juist daardoor een plek die het drama zo zwaar op je laat vallen. Je kunt niet anders dan deze plek na een diepe buiging verlaten. Massagraven in Peters paradijs, de paradox is nergens groter dan hier.

Volgens de kronieken die bewaard zijn gebleven stierven er soms dertigduizend mensen per dag. Olga Friedenberg is een van de rapporteurs uit die dagen. Zij schrijft:

'Mensen lopen en vallen gewoon om. Ze staan stil en vallen voorover. De straten zijn bezaaid met lijken. In apotheken, gangen, deuren, overlopen en op binnenplaatsen, overal zijn lijken. Ze liggen er omdat de mensen ze daar vaak neergooien als vondelingen. De huisbewaarders vegen ze 's ochtends bij elkaar als oud vuil. Begrafenissen, graven en kisten, die hebben we allang vergeten. Het is een vloed van doden die niemand aankan. De ziekenhuizen zijn volgestouwd met duizenden lichamen, blauw, uitgemergeld, vreselijk. Mensen trekken lichamen stilzwijgend op een slee. Ze zijn in een kleed gerold of ze zijn provisorisch bedekt en het zijn allemaal niet meer dan skeletten... Hele families verdwijnen. Huizen, woonblokken, hele straten verdwijnen...'

Sommige ooggetuigen gebruiken geen woorden, maar slechts data. Tanja Savitsjeva liet een stuk papier achter met de volgende aantekeningen:

'Zjenja stierf 28 december om 12.30 in de voormiddag 1941. Grootmoeder stierf 25 januari om 3 uur na de middag 1942. Ljocha stierf 17 maart om 5 uur in de middag 1942. Oom Vasja stierf 13 april om 2 uur in de middag 1942. Oom Ljosja 10 mei om 4 uur in de middag 1942. Mama 13 mei om 7.30 uur in de ochtend 1942. Alle Savitsjevs zijn dood. Iedereen is dood. Tanja blijft alleen over.'

Maar ook voor haar komt de bevrijding te laat. Zij sterft in januari 1944 net voor het opheffen van de blokkade. Onze Margarita heeft geluk gehad. Zij is net op tijd geëvacueerd via het Ladogameer. Dat was eind 1942. 'Ik zag hoe lijken gewoon onder het ijs werden geschoven,' vertelt ze. Ze zit al 52 jaar in het onderwijs en moet, vanwege haar krappe pensioen, nog altijd bijlessen geven op haar school in een gettoachtige buitenwijk van Petersburg.

Toen de oorlog uitbrak woonde ze in de Gorochovajastraat op nummer 79, schuin tegenover het huis waar Grigori

Raspoetin ooit woonde. Margarita: 'Het was een hele mooie wijk. Je kon altijd overal spelen. De oorlog maakte ons leven van de ene op de andere dag helemaal anders. Onze straat werd algauw getroffen door een bom. De ramen vlogen uit ons huis, maar het huis bleef staan. Van die dag af was ons huis alleen maar omgeven door lijken. Er was een plantsoen aan de overkant waar onze straat de Zagorodny Prospekt kruist, daar werden de lijken verzameld. Soms zag ik lichamen die gewoon waren opgestapeld.'

Het plantsoen is er nog steeds. Er is een standbeeld neergezet van Aleksandr Sergejevitsj Gribojedov. Er is een jeugdtheater achter zijn rug, maar de plek voor het standbeeld lijkt bijna willekeurig gekozen. Hij heeft hier weinig te zoeken. Margarita: 'Ik denk dat ze het standbeeld hebben neergezet om de nare geschiedenis van het plantsoen te vergeten. Van hieruit werden de lijken naar de massagraven gebracht. Officiële begrafenissen waren er al snel niet meer.' Ik loop later nog even langs het pleintje waar Gribojedov staat. Hij was een Russische dichter/diplomaat met een wonderlijke geschiedenis. Hij werd in 1795 geboren in Moskou en overleed in Teheran in 1829. Fanatieke moslims vielen in de hoofdstad van Iran de Russische ambassade aan en doodden alle diplomaten, onder wie Gribojedov.

Hij had een grote staat van dienst als diplomaat, maar verborg zijn politieke denkbeelden niet. Zijn toneelstuk *Verdriet door verstand* kwam nooit door de censuur van de tsaren. Het stuk zou de inspiratie vormen voor de opstand van de officieren, de dekabristen, tegen tsaar Nicolaas in 1825. Een van de legenden rond Gribojedov is dat de tsaar zelf de moslims had opgestookt om de superdiplomaat en politieke dissident om het leven te brengen.

Hij staat in Petersburg op een bijzonder stukje grond, de opslagplaats van de slachtoffers van de blokkade. Het is onwezenlijk te zien hoe de Petersburgers van vandaag voorbijlopen aan die plek, het merendeel zich vermoedelijk niet bewust over welke historische grond hun voetstappen gaan.

Margarita zegt: 'Ik mijd de plek. Ik loop er nooit. Ik zou er niet langs kunnen gaan zonder tranen in mijn ogen. Naarmate ik ouder word is de herinnering aan al die dode lichamen gegroeid, komt het beeld steeds levendiger bij mij naar voren.'

Het zijn niet alleen de doden, maar vooral ook het gevoel van honger dat steeds vaker terugkeert in haar gedachten. Ze zegt: 'Honger haalde alle energie uit ons. We lagen gewoon op bed om energie te sparen. Moeder zorgde dat het potkacheltje altijd warm was. We stookten alles op dat we tegenkwamen. In de samovar maakte ze een soort soep. Ik ging af en toe naar school nummer 37. Maar ik weet niet meer of we gewoon school hadden. Ik denk het eigenlijk niet. De honger heeft ook een deel van mijn herinneringen meegenomen.'

De herinnering is een gemengd gevoel. Aan de ene kant zegt Margarita dat de harten van de mensen om haar heen van steen werden. Aan de andere kant zegt ze: 'Mensen hielpen elkaar. Niemand was op den duur voor iets bang, zelfs niet voor de dood. Honger brengt binnen in je zelfs een soort euforisch gevoel. Het besef dat niets er eigenlijk toe doet.'

Officieel was het broodrantsoen 200 gram voor het werkende hoofd van het gezin en 175 gram voor de gezinsleden. Margarita: 'Maar het brood smaakte niet naar brood. Af en toe komt die smaak van karton nog terug in mijn gehemelte waar het goedje aan bleef plakken.' En toch dat euforische gevoel? Het Academielid en later het morele geweten van de democraten in het begin van de jaren negentig, Dmitri Lichatsjov, herinnert zich in zijn geschriften als *blokadnik*: 'Honger brengt je terug tot de essentie van het leven. Je bent tot alles in staat, zowel goed als kwaad. Vrees en dood spelen geen rol meer, maar het geeft je ook een vreemd gevoel van bevrijding. De geest is geheel vrij. Het is een merkwaardige ervaring.'

Ook de volksdichteres Olga Berggolts schreef over dat merkwaardige gevoel van vrijheid te midden van het totale isolement en oorlog:

In de modder, in duisternis, honger en verdriet,
Waar de dood ons als een schaduw op de hielen zat
Waren we soms zo gelukkig,
Ademden we zo'n woelige vrijheid,
Dat onze kleinkinderen ons erom zouden benijden.

De schrijver/historicus en chroniqueur van het Petersburgse leven, Daniil Granin, heeft samen met collega Ales Adamovitsj het indrukwekkendste document samengesteld over de blokkade, in het Nederlands verschenen onder de titel *Leningrad, belegerde stad.* Ik kon Granin helaas niet interviewen. Hij was in het voorjaar van 2008 89 jaar en zijn gezondheid liet een lang gesprek niet toe.

Granin is ereburger van zijn stad. Hij streed in de oorlog aan het front tot het einde.

Hij kiest de dagboeken en herinneringen van drie hoofdpersonen om de sfeer in het belegerde Leningrad weer te geven. Een van hen was de archivaris van de kunstacademie aan de oevers van de Neva, Grigori Aleksejevitsj Knjazev. Tegenover het gebouw liggen twee sfinxen die in 1832 ooit de lange reis hebben gemaakt uit het aloude Thebe in Egypte naar de kade in Petersburg. Het gebouw zelf dateert uit de achttiende eeuw en is gebouwd in de half barokke Petersburgse stijl. De onvermijdelijke pilarenpartijen domineren de gevel. Knjazev houdt van het gebouw.

Hij begint vanaf de eerste dag van de oorlog een dagboek. Hij houdt van zijn stad. Grigori Knjazev kan zich niet voorstellen dat Leningrad in handen van de Duitsers valt en dat hij ooit de stad zal verlaten. De archivaris beschrijft in detail de gedrevenheid waarmee het personeel zoveel mogelijk stukken van historische waarde in kisten verpakt die met onbekende bestemming de bedreigde stad verlaten. Van sommige historische manuscripten van beroemde schrijvers en wetenschappers neemt hij met tranen in de ogen afscheid.

Op 11 augustus 1942 kan hij zijn belofte, gedaan in de eerste aantekeningen van zijn dagboek, niet meer nakomen. In de

junidagen van 1941 is hij nog vastbesloten op zijn post te blijven, als hij op lyrische wijze het uitzicht beschrijft dat hij elke
dag heeft vanaf de stoep van de academie. Hij is ervan overtuigd dat hij een bevoorrecht mens is, omdat hij mag leven in
de mooiste stad van de wereld. Peters paradijs. Maar hunke-
ring naar overleven wint het ruim een jaar later. Hij neemt
het besluit te vertrekken, omdat duidelijk is dat hij en zijn
vrouw een tweede winter in de belegerde stad niet zullen overleven.

Knjazev laat zich in zijn aantekeningen leiden door de twee
sfinxen. Het zijn voor hem de symbolen van onverzettelijkheid. Bakens die de eeuwigheid markeren in een wereld
waarin hij zelf, zoals hij schrijft 'een bewegende voorbijgan-
ger is'. Hij kijkt naar de sfinxen en spreekt ze toe: 'Jullie hebben alles al gezien, maar jullie hebben nog nooit een menselijke misère gezien op zulk een droevige schaal. De hele wereld
staat in brand! En de griezels en jakhalzen met hun superi-
eure technologie steken hun neus in de as van de oude wereld! Jullie, mijn sfinxen, werden geschapen onder de slavernij van Egypte. Maar dat was 3.500 jaar geleden. Het is
mogelijk dat jullie eens weer in stilte zullen staan te midden
van voormalige vrije mensen die weer in slavernij worden gedreven...'

De sfinxen dateren uit de dertiende eeuw voor Christus.
Ze worden geflankeerd door bronzen lantaarns die in 1832
zijn ontworpen. De lantaarns zijn in de eerste oorlogsdagen in
veiligheid gebracht, net als vele andere kunstwerken, maar de
sfinxen zijn vreemd genoeg over het hoofd gezien. Ze kregen
zelfs geen speciale bescherming met een muur van zandzak-
ken, zoals de Bronzen Ruiter.

Knjazev beschrijft de bombardementen gedetailleerd. De
weerzin om naar schuilkelders te gaan klinkt niet alleen bij
hem door. De kelders zijn meestal onder flatgebouwen. 'De
kans te overleven in een schuilkelder waar een heel flatge-
bouw op is gevallen lijkt me niet groot,' schrijft hij. De autoriteiten zijn in geen enkel opzicht klaar voor de oorlog. Bij

elke regel van Knjazev voel je de kou in zijn onverwarmde flatje bij dertig graden onder nul met nauwelijks toereikende voedselrantsoenen. Langs zijn raam ziet hij steeds meer doden gaan, voortgetrokken op een slee op weg naar het massagraf op het Vasiljev-eiland dat ik eerder heb beschreven.

Voor Knjazev, die is aangewezen op een rolstoel, wordt het Vasiljev-eiland zijn leefwereld. Hij woont praktisch naast de academie waar hij zijn onderzoekswerk blijft voortzetten.

Knjazev wordt heen en weer geslingerd samen met zijn vrouw tussen de drang tot overleven of tot de dood toe blijven waken over zijn geliefde archieven waarin hij nog zoveel onderzoekwerk te doen heeft. Beiden kiezen uiteindelijk voor het leven. Ze hebben ternauwernood de eerste winter van de blokkade overleefd. Op 12 mei 1942 schrijft hij in zijn dagboek, als de gedachte over een vertrek uit de stad begint te overheersen: 'Ik heb vastgesteld dat gedurende de wintermaanden van de 200 bewoners in ons gebouw er 65 zijn overleden. Dat is 35 procent...'

Hij neemt afscheid van zijn sfinxen, die onaangedaan op hun plaats blijven en geen spatje schade oplopen tijdens de hevige bombardementen. 'De sfinxen zijn al twaalfeneenhalf jaar van mijn leven mijn trouwe metgezellen. Zij overleven! Zij overleven! Die gedachte maakt mij kalm. Zij vertellen mij het verhaal over 3.500 jaar prehistorie van de mensheid. De echte geschiedenis van de mensheid ligt nog voor ons.' Na de oorlog verenigt hij zich weer met zijn geliefde Egyptische symbolen die tot op de dag van vandaag stoïcijns op hun plaats zijn gebleven. Knjazev overleed in 1960. Het gebouw van de kunstacademie, nu het Repininstituut, is behangen met herdenkingsplaten die herinneren aan de leden van de academie die tijdens de blokkade zijn overleden. Er hangen er 27 op de diverse plaatsen aan de gevel.

Een andere hoofdfiguur in het boek is Joera Rjabinkin. Een tiener die gek is op schaken. Een jongeman die een toekomst ziet in de literatuur. Hij leest de klassieken en niet alleen de Russische, is op te maken uit zijn dagboek. Zijn moeder en zijn veel jongere zusje Ira hebben voortdurend zijn zorg. Maar ook hij komt er eerlijk voor uit dat hij door de honger gedreven af en toe van de rantsoenen van anderen snoept. Regel voor regel zie je de aftakeling van dit jonge leven. Joera worstelt met zijn stemmingen. Na depressies gloort er hoop op een spoedige evacuatie. Komt die er niet, dan filosofeert hij over de dood.

Hij beschrijft zijn dromen die op het laatst alleen nog maar over voedsel gaan. 'Waarom schrijf ik dit dagboek? Omdat ik wil dat anderen weten dat ik besta. Of dat ik bestaan heb. Misschien zullen mensen na mijn dood zeggen: maar misschien was er wel geen echte Joera en heeft hij nooit bestaan? Maar ik besta.' De jonge filosoof gebruikt zijn schrijven om tot rust te komen. Hij schrijft over zelfmoord als een oplossing voor dit uitzichtloze leven. Soms hoopt hij dat de Duitse bommen hem uit zijn lijden zullen verlossen. Zijn moeder heeft maar één gedachte, haar kinderen te redden. Het eindigt dramatisch. Uiteindelijk weet zijn moeder een papier te bemachtigen dat hun het recht geeft op een plaatsje in een evacuatiekonvooi over het ijs van het Ladogameer.

De moeder probeert haar zoon met alle macht die in haar is op de been te krijgen en op een slee te zetten, op weg naar de verlossing. Joera probeert te staan met de hulp van een stok. Hij valt keer op keer terug op zijn bed. De tijd dringt. De moeder besluit haar zoon achter te laten en haar dochter Ira te redden. Ze brengt haar dochter in veiligheid, maar sterft na aankomst op het station van het veilige Vologda, totaal uitgeput. Granin speurt Ira op. Aanvankelijk wil ze niet praten. Ze was nog klein toen het zich allemaal afspeelde. Als ze toch gaat praten bekent ze dat ze haar hele leven met een schuldgevoel is blijven zitten. Waarom mocht ik leven en Joera niet?, was de vraag die door haar hoofd spookte. Ze mijdt nog altijd de buurt waar ze tijdens de blokkade woonden, niet ver van de Admiraliteit. Ira: 'Op weg naar het verzamelpunt keek moeder voortdurend achterom alsof zij verwachtte dat Joera ons alsnog zou volgen.' Ira klampte zich vast aan de gedachte dat haar oudere broer op zijn eentje de blokkade had overleefd. Daar is geen enkele aanwijzing voor.

Joera maakt zijn laatste aantekeningen in zijn dagboek op 6 januari 1942: 'Ik ben nauwelijks nog in staat om te werken en of te lopen. Het ontbreekt mij volledig aan kracht. Moeder kan ook bijna niet lopen. Ik kan me zelfs geen voorstelling maken hoe ze er toch in slaagt op de been te blijven. De laatste dagen slaat ze me vaak, vloekt tegen me en schreeuwt tegen me. Ze krijgt wilde aanvallen van nervositeit. Ze kan mijn zwijgende aanwezigheid nauwelijks nog verdragen. De aanwezigheid van iemand die totaal geen kracht meer heeft, uitgehongerd, uitgeput, die zich nauwelijks kan voortbewegen van de ene plaats naar de ander, die een last wordt, die maar doet of hij ziek en zwak is. Maar, echt waar, ik doe niet alsof ik zwak ben. Nee! Ik wend het niet voor. Mijn kracht verlaat me, verlaat me, vloeit weg... En de tijd gaat voort, gaat voort, langzaam, zo langzaam! O, God, wat gebeurt er met me? En nu ik, ik, ik...'

Daar eindigt het dagboek van Joera. Ira en haar moeder verlaten het huis zes dagen later. Joera leeft dan nog, maar heeft kennelijk niet meer de kracht te schrijven. Hoelang hij in eenzaamheid op de dood heeft moeten wachten is niet bekend. Wie er ooit zijn dagboek heeft gevonden is ook een raadsel. Maar Joera heeft bestaan.

Een andere hoofdpersoon is Lidija Ochapkina. Haar man vertrekt naar het front meteen na het uitbreken van de oorlog. Zij blijft alleen achter met haar pasgeboren baby Nina en haar al oudere zoontje Tolja. Haar verhaal is opgeschreven na de oorlog. 'Ik had geen tijd tijdens de blokkade om aan iets anders dan aan voedsel en het overleven van mijn kinderen te denken. Maar toen ik na de oorlog ging schrijven kwam elk detail, datum, uur, als een film terug in mijn hoofd.'

Haar verhaal geeft aan dat het geen zin heeft de Leningraders in de lucht te steken als helden. Eerst probeert ze haar zoontje op een transport te krijgen als de Duitse troepen naderen. Ze hoort dat de kindertransporten een fiasco zijn en hele treinen richting Duitse linies rijden. Veel kinderen komen terug in de belegerde stad. Ze smeekt mensen haar te helpen haar Tolja te vinden. Als door een wonder vindt ze hem terug.

Ieder individu probeerde te overleven, leert haar verhaal. Zij beschrijft hoe vriendschappen stuklopen op ruzie over voedsel. Hoe relaties afknappen op jaloezie over voedsel. Zelf kruipt ze met haar kinderen een aantal keren door het oog van de naald.

In februari 1942 vergiftigt het rokende noodkacheltje bijna haar gezin. 'Ik was doodmoe na al het werk, het aanslepen van het hout om de noodkachel te stoken. Ik viel in slaap. Ik had de ventilatieklep van de kachel te vroeg opengezet. We werden bijna vergast. Ik werd wakker van het huilen van mijn dochter. Mijn hoofd klapte uit elkaar. Ik viel, maar tot mijn geluk viel ik tegen de gangdeur die openvloog. Er kwam koude lucht de kamer in van de gang. Ik raakte bewusteloos en lag voor enige tijd op de grond. Ik weet niet meer voor hoe lang. Het was alsof iemand me wakker schudde. Hoe is het met de kinderen? Wankelend op mijn benen, greep ik mijn dochter. Ze was stil en ademde amper. Ik bracht haar naar de keuken. Ik nam de kleine Tolja op en met mijn laatste krachten haalde ik hem ook naar de keuken. We waren er bijna geweest. Tolja bleef nog lang bewusteloos.

Februari was een maand waarin we de ergste honger leden. Alles was op. Tolja zei maar steeds: Mama, laten we weer rook maken en sterven. We krijgen dan eerst hoofdpijn, maar dan vallen we in slaap. De taal van een kind, ik kon de woorden nauwelijks verwerken.'

De redding voor haar kwam op 4 maart 1942, toen zij over het ijs van het Ladogameer kon ontsnappen. Haar verhaal gaat over moederliefde die geen grenzen kent. Ze wordt na haar evacuatie herenigd met haar man die zijn gezin niet herkent. De gezichten en lichamen vertellen het verhaal van intens lijden. Haar dochtertje Nina redt het niet en overlijdt toch kort na hun ontsnapping.

Het boek van Granin laat ook zien hoe de autoriteiten

vooral in de eerste maanden van de oorlog in totale verwarring waren. Kinderen werden geëvacueerd in de richting van het front. Het boek laat ook zien dat weinig is gedaan om althans de voedselsituatie in de stad te verbeteren of in elk geval nog meer mensen te evacueren.

De burgers ontwikkelden een nieuw soort patriottisme ten opzichte van hun stad. Een heel andere reactie dan men zou verwachten wanneer het lijden de grens van wat menselijk is bereikt. Het paradijs van tsaar Peter was nog nooit door een vreemde mogendheid bezet en zou ook nu niet bezet worden, was de algehele overtuiging. Dat de vijand slechts uit was op de vernietiging van hun stad was bij de *blokadniki* niet bekend.

Ik haalde al eerder aan dat Stalin Leningrad gebruikte in zijn propaganda. Die propaganda was erop gericht vooral de heldenrol van de bevolking te verspreiden, niet het onmenselijke lijden. In feite stelde de officiële propaganda de Leningraders voor als mensen die in de gelukkige positie verkeerden dat ze zich zo heldhaftig namens Stalin en het hele Russische volk tegen de vijand konden verzetten. Foto's van blije arbeiders die in de Leningradse oorlogsindustrie werkten of met een glimlach op het gezicht tankvallen groeven ondersteunden dat beeld. Dat die helden als geesten door hun eigen straten doolden bleef verborgen voor de rest van de wereld, want post uit de stad werd streng gecontroleerd. Heldendichten daarentegen werden in ruime mate verspreid.

De top van de propaganda was het unieke concert in de Leningradse Filharmonie aan het Plein der Kunsten. Op 9 augustus 1942 was de Filharmonie het centrum van een stunt. Dmitri Sjostakovitsj, zelf geëvacueerd naar het toenmalige Koejbysjev (nu Samara) aan de Wolga, schonk zijn belegerde stad de Zevende Symfonie. Het concert was een militaire operatie onder de titel *Op je hoede*. In Leningrad waren niet genoeg musici meer in leven om het orkest van de Filharmonie compleet te maken. De beste musici werden teruggehaald van het front en ingevlogen naar de omsingelde stad. Het leger begon vele weken voor het concert met acties om in kaart te brengen waar de Duitse artillerie stond die de concertzaal zou kunnen bereiken. Extra geschut kwam naar Leningrad voor een machtige barrage van projectielen die op de Duitse stellingen neerdaalden op de dag van het concert. De Duitsers waren verbijsterd over deze ongekende aanval op hun posities. Ze waren in elk geval zo verbaasd dat er op de avond van de negende augustus tijdens het concert geen schot viel. Het concert zelf was via de radio te beluisteren in heel de Sovjet-Unie en kreeg de volgende plechtige aankondiging:

'Dmitri Sjostakovitsj heeft een symfonie geschreven die oproept tot strijd en een bevestiging is van het geloof in de overwinning. De opvoering van de Zevende Symfonie in het belegerde Leningrad is het bewijs van de onuitroeibare patriottische geest van de Leningraders, hun onverzettelijkheid, geloof in de overwinning, de bereidheid te vechten tot de laatste druppel bloed, en een overwinning te behalen over de vijand. Luister, kameraden...'

Het concert was een emotionele gebeurtenis. Je kunt je nauwelijks voorstellen, als je nu in de prachtige monumentale concertzaal zit, wat de sfeer moet zijn geweest onder de aanvallende klanken van het muziekstuk, dat de legende versterkte van de Leningraders als helden van de natie. De symfonie was als een psalm. Ook dat religieuze tintje paste in de propaganda van Stalin. God mocht weer even om de hoek kijken in de atheïstische staat om een handje te helpen bij de overwinning. Het concert was wellicht de ommekeer in het denken van de Leningraders over hun stad.

Sjostakovitsj zelf wierp in de laatste jaren van zijn leven een ander licht op de Zevende Symfonie en het beroemde concert. In feite had hij het muziekstuk al gecomponeerd vóór de oorlog, als een aanklacht tegen de tirannie. Tegen de Grote Terreur van Stalin. Nu droeg hij het stuk op aan twee tirannen, Stalin en Hitler. De mening van de componist bleef aanvankelijk slechts in kleine kring bekend, maar in de periode van perestrojka en glasnost in de tweede helft van de jaren tachtig kwamen de uitspraken van Sjostakovitsj toch naar buiten.

Hij zou hebben gezegd: 'Fascisme is niet simpel nationaal-socialisme. Dit is muziek over terreur, slavernij en onderdrukking van de geest. Dit is muziek over tirannie en totalitarisme.'

De uitspraak moet nog altijd zijn plaats vinden in de officiële geschiedschrijving over de blokkade. Ik heb een opname van de Zevende uit 1984, dus nog voor het begin van perestrojka en glasnost. De symfonie is in Rusland een leven gaan leiden onder de titel 'Leningrad'. In het begeleidende boekje wordt vastgehouden aan de officiële propagandaversie van het ontstaan van de symfonie. Volgens die versie begon de componist meteen na het uitbreken van de oorlog te werken aan zijn symfonie. 'Soms wel dertig pagina's per dag produceerde Sjostakovitsj,' aldus de tekst. Muziekhistorici vonden later uit dat de componist het muziekstuk inderdaad al bijna had voltooid voor het uitbreken van de oorlog.

De componist komt ook zelf aan het woord: 'Ik had in die dagen twee banen. Ik was zowel componist als brandweerman, die dienstdeed op het dak van het conservatorium in Leningrad. Ik deed beide banen zonder onderbreking. Het was pure inspiratie die mij dreef.' De baan van brandweerman was voornamelijk voor de propagandafoto's die werden verspreid en die de indruk moesten wekken dat alle Leningraders van hoog tot laag hun bijdrage leverden aan de verdediging van de stad. Zijn carrière van brandweerman ging niet verder dan het poseren voor die foto's.

Sjostakovitsj verliet Leningrad in oktober 1941. Op 27 december 1941 voltooide de componist al zijn werk en op de kaft schreef bij 'Opgedragen aan Leningrad'. Bij de première in Koejbysjev en later in Moskou schreef hij een introductietekst over zijn gevoelens. Voor de kenners was het lezen tussen de regels door. 'Kanonnen en onderdrukking zullen er nooit in slagen de pen uit de handen van de kunsten te wringen,' was een vingerwijzing naar zijn latere uitspraken dat hij zowel Hitlers barbarisme als Stalins onderdrukking op de korrel nam. Sjostakovitsj Zevende ofwel 'Leningrad' voegde een nieuwe mythe toe aan de geschiedenis van Sint Petersburg.

Wel een mythe die is omlijst door een meesterwerk. Luisterend naar de symfonie voel je dat deze muziek met geen andere stad ter wereld verbonden kan zijn dan met Sint Petersburg. Er spreekt een liefde voor de stad uit, ondanks het onheilspellende middengedeelte dat de ontberingen van de oorlog weergeeft. Het stuk eindigt in een positieve sfeer. Geen glorieuze overwinningsmars, maar het herstellen van het normale leven. De terugkeer misschien ook wel naar het Paradijs van tsaar Peter, dat via de muziek van Sjostakovitsj plotseling, en wellicht voor het eerst in zijn geschiedenis, een humane inhoud kreeg.

Dat paradijs was er voorheen altijd alleen voor de elite van het land. De stad had niets met het gewone volk. De natuur was haar grootste vijand. Literair werd de stad dan wel op de korrel genomen, maar zijn grandeur leek onaantastbaar onder de munitie die scherpe pennen aandroegen om de stad te verwensen. De twintigste eeuw, het einde van de Romanovdynastie, bracht aanvallen op de stad met zich van een ander soort.

Twee keer verandering van de naam. De ontluisterende invloed die de revolutie had op de keizerlijke stad, gevolgd door de Grote Terreur van Stalin. De stad was op sterven na dood. Hitler leek de aangewezen man om het doodvonnis te vellen. Vreemd genoeg gebeurde het tegendeel. Op de rand van de afgrond keerden de Leningraders zich tegen het noodlot. Maar ook tegen de systemen die eropuit waren de schepping van tsaar Peter van de aardbodem weg te vagen.

Ondanks de censuur verspreidde het nieuws zich snel over de Sovjet-Unie dat de martelaren van Leningrad niet zo zeer streden voor de eer van Stalin en de Sovjet-Unie, maar voor de eer en de redding van hun eigen verleden en hun toekomst als unieke stad. Het concert in de Filharmonie had in feite een averechts effect, bereikte althans niet het propagandadoel dat Stalin nastreefde. Er kwam opnieuw een sterke ondergrondse beweging op gang in Leningrad. Het geschreven woord, de kunsten, het vrije denken, geboren uit het gevoel van honger, schoot wortel en wilde niet verdwijnen toen de oorlogsellende voorbij was.

Niet voor niets ging de democratisering van Rusland sneller in Leningrad. De stad werd de bakermat van het verzet tegen het oude systeem. Underground rockgroepen groeiden als kool in de jaren tachtig en negentig en de communistische autoriteiten konden er niets tegen doen. Leningrad had zijn kracht hervonden en wenste die nieuw verworven kracht niet meer af te staan. Maar meer dan driehonderd jaar levend in zo'n bundeling van rampspoed maakt het niet gemakkelijk de sluier van de dood af te gooien. Na de woelige jaren negentig heeft Petersburg zich ook moeten voegen in de 'stabiliteit' die de huidige machthebbers prediken. Het vuur is er weer uit.

Margarita overleefde de oorlog in Kazachstan. Zij keerde met haar moeder onmiddellijk terug naar haar geboortestad waar het leven moeizaam op gang kwam. 'Ons huis aan de Gorochovajastraat stond er nog, zij het nog altijd zonder ramen. Alles was uit het huis gesloopt. Alle kasten waren weg, de vloeren. Toch maakten we er een plekje om te leven. Het was vreemd, maar het eerste dat ik deed was op zoek gaan naar mijn pop die ik bij ons overhaaste vertrek had moeten achterlaten. Het was een grote pop, die niet meekon op reis. Ik vond de pop, onder een vloer, ik heb me nog nooit zo gelukkig gevoeld. De pop is nog jaren bij me gebleven totdat hij van ellende uit elkaar viel. Ik heb zelfs nog lang stukjes van de pop bewaard.'

De moeder van Margarita ging in de bouw werken. Margarita: 'Er was niets te krijgen, maar wij speelden al winkeltje. Ik denk dat dat wereldwijd het beeld is van kinderen, winkeltje spelen, dromen van mooie dingen. In ons winkeltje was van alles te koop. Ja, ook ik ga nog geregeld, niet naar de officiële herdenkingsplaats, maar naar de massagraven op het Vasiljevs-eiland. Daar voel ik het verleden. Daar loop ik rond zonder gestoord te worden. Daar dwalen mijn gedachten terug naar die tijd. Daar kan ik het gevoel terugkrijgen van die euforische gedachten veroorzaakt door de honger. Wat gebeurt er met die plekken als wij, kinderen van de blokkade, allemaal dood zijn? Als Leningrad een naam is uit een verleden waaraan niemand herinnerd wil worden. Dat baart mij zorgen.'

Gaat ze ooit naar het blokkademuseum aan de Soljanoj Pereoelok, niet ver van de Zomertuin?

Margarita: 'Heel veel jaren geleden ben ik er geweest. Ik vind de sfeer er niet goed. Het is opnieuw een officieel museum. Het gaat te veel over heldendom en te weinig over mensen.'

Dat trof mij ook toen ik door het museum dwaalde. Uiteraard kun je er de voedselrantsoenen afgewogen zien. Je kunt er ook de bewegingen aan de frontlijn van de omsingeling zien, maar je voelt er niet de sfeer van het lijden. Bovendien is het museum na zoveel jaren een afgetrapte bende. Wellicht tekenend voor de belangstelling die de huidige machthebbers hebben voor de blokkade. Als ik er ben op een doordeweekse dag is het volledig verlaten, op enkele suppoosten na.

Hier zijn mensen begraven tijdens de blokkade (van Leningrad)

De Hermitage: sprookjesachtig!

Hoofdstuk 8

De Hermitage, een ark van Noach

Er mag dan rampspoed kleven aan de stad aan de Neva, er is altijd één plek die al sinds zijn stichting dienstdoet als vluchthaven: de Hermitage. Dit is geen museum, het is meer dan dat. Het is een open ruimte volgepakt met kunstschatten. Er is weinig Russisch aan. De tsaren en later de curatoren van het museum hebben ervoor gekozen de wereld hier binnen te halen. Het is een marktplaats van de kunsten. De samenstellers van de collectie hebben de Russische kunsten nagenoeg geheel over het hoofd gezien. Het beste dat de verzamelaars in opdracht van de tsaren konden vinden in Europa werd verscheept naar Petersburg.

Bij mijn eerste bezoek aan de prachtige zalen, eind jaren tachtig, hingen de wanden zo vol met kunstwerken dat je de indruk kreeg dat ze er spoedig onder zouden bezwijken. Het waren de jaren van de malaise. De Sovjet-Unie was failliet en het nieuwe Rusland erfde een lege schatkist. Voor cultuur was geen kopeke beschikbaar. Van de muren van het museum droop letterlijk het vocht achter schilderijen die een miljoenenwaarde vertegenwoordigden. Van vele kanten, onder andere van Nederlandse zijde, schoot men te hulp om het museum en zijn kunstschatten te redden.

In het Winterpaleis blies Ruslands grootste tsaar, Peter de Grote, de laatste adem uit. Hij bracht het Russische rijk naar het toppunt van zijn macht. Nu zag je hoe dat rijk was afgebladderd. Je kreeg het idee dat hier voor je ogen een cultuur ineenzeeg. De stad en haar centrale plek waren aan het eind van de jaren tachtig en aan het begin van de jaren negentig op een snelle glijbaan richting afgrond terechtgekomen. Alleen liefde voor het museum dreef de staf om het geheel overeind te houden. Vaak zonder salaris. De meesterwerken lagen bibberend van de kou in onverwarmde opslagplaatsen. Hyena's lagen op de loer om er met de kunstschatten vandoor te gaan.

Ik mocht zelf het dak op van de Hermitage om met mijn eigen ogen te zien waar de lekkages vandaan kwamen. De tocht naar het dak was een avontuur langs een labyrint van gangen en trapjes, waarvan sommige zo wankel dat balanceerkunst was vereist. Lage zolders, grote lege ruimten met dakconstructies waar drie eeuwen geleden met onnavolgbaar technische vaardigheid aan is gewerkt.

Eenmaal op het dak was het duidelijk: hier was Nederlandse technologie nodig om de meesters die schuilgingen onder het dak te behoeden voor de ondergang. Een nieuwe dakbedekking en de eeuwenlang beproefde oplossing van loodslabben op gevoelige plaatsen zorgde ervoor dat de ergste nood werd gelenigd.

Lopend over de dakranden voelde ik me pas echt helemaal verbonden met deze stad. Van hier af heb je een uniek uitzicht over wat architecten drie eeuwen geleden voor zich zagen als een paradijs in het moeras. Ik stond er bovenop het rijkste kunstbezit ter wereld en keek uit over de architectonische schoonheid die voor de omlijsting zorgde. Blijf onder zo'n aanblik maar eens ongevoelig en probeer de ogen maar eens droog te houden.

We legden het allemaal vast op video en ik blijf het me herinneren als een van de mooiste momenten uit mijn leven. Het onderwerp dat we er draaiden voor de Nederlandse televisie over lekkende regenpijpen, verroeste dakpanelen en de schimmels op de muren van de expositiezalen bracht een schokreactie teweeg. De beelden droegen bij aan de algehele indruk dat de Hermitage dan weliswaar in Petersburg stond, maar niettemin Europees cultureel erfgoed was, en dat het niet alleen de zorg van Rusland was om het te behouden.

Het zou ondoenlijk zijn de miljoenen toeristen die elk jaar toestromen eenzelfde blik te gunnen langs de beelden die de dakrand bewaken van het Winterpaleis. Het dak zou het niet verdragen. Maar hier zie je als op geen andere plek de visie van genieën die in Petersburg aan het werk zijn geweest. Het nieuwe dak was een redding, maar daarmee waren de fundamenten nog niet veilig.

In de kritiekste jaren krioelde het onder de door het moeras aangevreten fundamenten van de ratten en de muizen die na de bezoekuren van het museum eendrachtig polonaise liepen door de tentoonstellingszalen en aanzienlijke schade aanrichtten. De curatoren bedachten een oplossing voor dat probleem. Er kwam een medewerkster die zich louter en alleen bezighield met het uitzetten van katten. Ze controleerde het voortplantingsproces van de jagers, die werden losgelaten op de plaaggeesten van de kunstkamers. De actie had succes. De muizen- en rattenplaag kwam onder controle, de fundamenten zijn intussen verstevigd.

De afgelopen jaren is er met buitenlandse hulp veel gerestaureerd en het museum is fonkelend uit de crisisjaren tevoorschijn gekomen. Zelfs de oude ingang van het Winterpaleis aan het Paleisplein is in ere hersteld. Het plein zelf wordt steeds meer een onderdeel van het museum nu ook de gebouwen van de Generaliteit deel gaan uitmaken van de Hermitage.

Grondlegster van dit wellicht grootste museum ter wereld is Catharina de Grote, die in 1764 ernst maakte met het opbouwen van een kunstcollectie die tot dan toe een beetje slordig bijeen was gegaard door de diverse familieleden, te beginnen met Peter de Grote. De kleine Hermitage (van architect Vallin de la Mothe), de oude Hermitage (van architect Felten), het Paleistheater (van architect Quarenghi) en de nieuwe Hermitage (van architect Klenze) vormden samen met het Winterpaleis uiteindelijk wat in de wereld bekend zou worden als de Hermitage. Niet minder dan 350 zalen vol schilderijen, beelden, attributen en historische vondsten uit het Nabije en Verre Oosten.

Waarom de naam Hermitage als hermiet staat voor het verborgene? Een hermiet is een wezen dat volgens de Griekse overlevering in afzondering leeft. Ja, de kunstschatten heb-

ben een veilige haven gevonden aan de Neva. Maar niet op-
gesloten als kluizenaars. Dit gebouwencomplex is open en uit-
nodigend, mede dankzij de mannen die er leiding aan hebben
gegeven sinds de oprichting tot aan Michail Borisovitsj Piotrovski aan toe, die er vandaag de baas is.

Dit is de etalage van een bijna barbaars wereldrijk dat zich
op deze wijze verbond met de beschaafde wereld. In 1774 bevatte de eerste catalogus niet meer dan 2.080 schilderijen.
Hele scheepsladingen schilderijen gingen onderweg van Europa naar Petersburg verloren. Menig kostbaar werk uit de
Italiaanse, Franse, Hollandse, Vlaamse of Duitse school eindigde zijn bestaan op de bodem van de Oostzee. Scheeps-
rampen waren in de achttiende en negentiende eeuw helaas
geen zeldzaamheid. Ook de Europese kunsten moesten een
prijs betalen voor de glorie van Petersburg.

Een van de fanatieke inkopers was prins Golitsyn, de Russische ambassadeur in Parijs. Hij kocht veel, maar de grootste collectie die hij verscheepte naar Petersburg in 1771 ging
voor de kust van Finland in een scheepsramp ten onder. Catharina de Grote deerde dat zeker niet. Haar aankoopbeleid
van kunstwerken was onderdeel van een publicrelations-
campagne die zijn weerga niet kende, zeker niet voor die tijd.
Catharina had geen enkel verstand van kunst, maar ze begreep dat kunstwerken in de mode waren. Ze huurde specialisten in om haar van advies te dienen.

Kunstverzamelaars in Europa werden hofleveranciers voor
het Russische hof en voor de rijke Petersburgse elite die niet
achter wilde blijven bij de hobby van de tsaren. De Joesoepovs, Stroganovs en anderen deden driftig mee met de verza-
melwoede en kochten alles wat los en vast zat. Na de revolutie werden de privéverzamelingen genationaliseerd. Dat gaf
opnieuw een grote stoot aan de omvang van de collectie van
de Hermitage.

In 1772 haalde de Hermitage met de aankoop van de volledige collectie van baron Pierre Crozat in Parijs een vloed
aan vijftiende- en zestiende-eeuwse meesters van de vroege

Hollandse (Niderlandskaja in het Russisch) school in huis. Onder andere werken van Lucas van Leyden. De aanvoer van nieuwe aankopen was zo groot dat er muren te kort waren om ze op te hangen. Er was in die jaren in Petersburg nog niet veel kennis voorhanden over hoe kunstwerken te bewaren. Vele schilderijen werden domweg weggezet in de hallen van de stalmeesters van de Hermitage, tussen de rijtuigen en de sleeën. Jaren later heeft die wijze van opslag de restaurateurs handenvol werk opgeleverd.

De inkopers van de tsarina dachten alleen in het groot. In 1779 sloeg de verbijstering aan de Europese hoven toe en ook in kunstkringen. De Russische ambassadeur in Londen, Moesin-Poesjkin, kocht in één klap de befaamde kunstcollectie van Houghton Hall op die eigendom was van de eerbiedwaardige Lord Walpole. De collectie bestond uit 196 schilderijen, waaronder Van Dycks en Rembrandts.

Op de Parijse veilingen raakte men niet uitgepraat over Petersburg, de tsarina en de kunstcollecties die en masse naar de Russische hoofdstad gingen. Wie kon het zich permitteren om vijftien Van Dycks tegelijk te kopen? En aan welke muren werden al die Raphaels, Giorgiones, Titiaans, Tinteretto's, Rubensen en Rembrandts gehangen? Catharina's strategie werkte. In Europa was de aandacht gewekt voor een tsarina die haar tijd ver vooruit was met het inzetten van publiciteit als propagandamiddel voor haar land en natuurlijk voor zichzelf.

Iedereen die iets voorstelde in de Europese kunsten reisde af naar Petersburg om het wonder aan de Neva te aanschouwen en te zien in welke extravagante paleiszalen de aangekochte kunstwerken te bewonderen waren.

Catharina raakte niet vermoeid de ene na de andere delegatie te ontvangen. Ze had wel een duidelijke boodschap aan haar bezoekers. Zij dienden bij thuiskomst te verkondigen dat Rusland een waarlijk beschaafd Europees land is. Ze slaagde in haar opzet, gezien de grote stroom van publicaties in Europese periodieken over het wonder aan de Neva. Na Catharina liep de reputatie van Rusland en Petersburg al snel weer schade op, ook al bleven enkele van haar nazaten actief in de kunstwereld. De roem van Petersburg en zijn schilderijen-collecties bereikte nooit meer dezelfde piek als onder de dame die zichzelf de evenknie van Peter de Grote waande.

Tsaar Alexander I vierde zijn overwinning op Napoleon in Parijs met de aankoop van maar liefst 118 meesterwerken uit de Italiaanse, Hollandse en Franse scholen. Europa bleef zich verbazen dat het Russische hof kunstaankopen en gros bleef doen als betrof het bulkgoederen.

De Nederlandse koning Willem II verkocht in 1850 nogal wat Hollandse meesters aan zijn Russische familie. Het hof in Petersburg bleef ook diplomaten in dienst houden die niets anders deden dan in Europa de markten afstropen. Een van hen was de superdiplomaat en groot-inkoper Dmitri Tatisjtsjev, die in de gedenkboeken over de Hermitage telkens opduikt als een van de actiefste dienaren van het museum.

De eerste 'gewone' bezoekers werden toegelaten tot de expositiezalen onder een strikt regime en alleen voor studie-doeleinden. Zij beschrijven de eerste confrontatie met de collectie als: 'Muren vol schatten. Je weet niet waar je kijken moet en waar te beginnen'. Dat is 250 jaar later niet anders. Bezoekers aan deze kunsttempel raken bij hun eerste bezoek volledig in verwarring. Waar te beginnen? Ik heb diezelfde verwarring ondergaan. Ik kocht eind jaren tachtig en in het begin van de jaren negentig het ene na het andere kleurrijke boek over de Hermitage en zijn collecties voor een habbe-krats. De prachtige albums sieren nu een aanzienlijke lengte van een van mijn boekenplanken. Die tijden zijn voorbij. In de museumwinkel van de Hermitage weet men nu ook van internationale prijzen. De boeken hebben mij wel geholpen de collectie in de Neva een beetje te doorgronden. Daardoor kon ik bij mijn talloze bezoeken die volgden in de afgelopen twee decennia selectief zijn bij mijn keuze van onderwerpen die ik wilde zien. Maar dan nog, de universele verwarring, die nagenoeg iedere bezoeker treft, blijft altijd. Het is een-voudigweg te veel.

De filmregisseur Aleksandr Sokoerov legde in 2003 vast wat anderen wellicht wel voelden maar niet onder woorden konden brengen: dat de Hermitage een soort Ark van Noach is. Hij ging met zijn camera die Ark binnen en legde het fenomeen vast in een anderhalf uur durende film die als één doorlopend beeld is opgenomen, waarin niet is geknipt. Sokoerov deed twee mislukte pogingen, de derde lukte.

De regisseur is een Petersburger in hart en ziel. Voordat zijn film in première ging sprak ik met hem in zijn rommelige werkkamer in de Petersburgse filmstudio's. Wat is de boodschap die hij met dit unieke document wilde afgeven? Hij zei: 'Het idee is al vijftien jaar geleden ontstaan. Maar ik had geen geduld nog langer te wachten. Ik wilde dit heel graag ten uitvoer brengen. Eén ononderbroken filmbeeld is in overeenstemming met de tijd. Het bevrijdt de kijker van de almacht van de regisseur. Want wanneer we een film monteren besturen wij de aandacht van de kijker.'

En waarom juist dit experiment in de Hermitage?

'Dit is onze liefde voor de Europese kunst, onze liefde voor de kunsttradities van Rusland, onze liefde voor die plaats die ik Hermitage noem. Als de Hermitage er niet was in Petersburg zou ik hier natuurlijk niet wonen. Voor mij is dat de belangrijkste plaats. Wat er ook gebeurt. Hoe slecht het ook mag gaan in de wereld, als ik die drempel overschrijd bevind ik me in de Ark. En God geve dat ik er redding vind. En niet alleen ik, heel velen kunnen er redding vinden. Dat is geen metafoor. Dat is de realiteit.'

In de film duikt iedere keer de Franse markies De Custine op, die zich als bezoeker aan Petersburg over alles en nog wat verbaast. De Custine haalt de kijker binnen in de Hermitage met een eenvoudig: 'Kom mee, komt u mee... U moet dit zien.' Hij introduceert tsaar Nicolaas I: 'We zien Nicolaas I. Hij neemt de excuses van de Perzische gezanten in ontvangst in verband met de moord op uw diplomaten.'

De Custine buigt zich over een tafel vol exquise porselein: 'Dit is het beroemde servies met de cameeën, nietwaar?' De

Custine speelt de rol van de Europeaan die is aangetrokken door de pr-campagne van Catharina de Grote. Hij legde zijn verbazing vast in reisverslagen. Hij praat de scènes aan elkaar die in één vloeiende beweging de kijker van zaal naar zaal leiden. In de grote balzaal speelt meesterdirigent Valeri Gergijev zijn rol als leider van het bal. Nergens is een rustpunt. De camera dwingt het publiek te volgen en is voortdurend in beweging.

De camera komt ook bij directeur Michail Piotrovski terecht. Hij is niet zomaar een museumdirecteur. Hij is langzamerhand het culturele geweten van Rusland. Hij bestiert zijn rijk als ware het zijn persoonlijke eigendom, maar met zeer democratische opvattingen over zijn kunstschatten en zijn dienstbaarheid aan het publiek. Zijn vader Boris was er al directeur. Elf jaar rende hij als kind door de honderden zalen en zoog er de liefde voor de kunstschatten spelenderwijs op. Ik heb in de loop der jaren vaak in die enorme, maar tegelijk sfeervolle werkkamer van hem gezeten voor weer eens een interview over een markante gebeurtenis met betrekking tot zijn museum.

Er werd in het begin van de jaren negentig een nieuwe hechte band gesmeed tussen het museum en Nederland. Nederland restaureerde zalen en zorgde met een vriendenclub dat de Hermitage meer dan ooit tevoren op de wereldkaart kwam. Uiteindelijk resulteerde dat contact in de Hermitage aan de Amstel, in Amsterdam. Dat is niet zomaar een dependance van de Petersburgse tempel, maar een volwaardige dochter die een verrijking is voor het museumaanbod van Amsterdam.

Zover was het nog niet toen ik in de Nieuwe Kerk in Amsterdam in 1997 een publieksinterview hield met Piotrovski, met onder ons gehoor prins Willem-Alexander die eveneens een liefde heeft opgebouwd voor Petersburg en de Hermitage. Alles wat verbonden is met die plek ademt een warme sfeer uit. Dat deed ook de bijeenkomst in de Nieuwe Kerk, waar Piotrovski probeerde harten te openen en natuurlijk nieuwe fondsen te werven voor zijn Hermitage.

In de film van Sokoerov is de warme huiselijke sfeer van dit fenomeen aan de Neva terug te vinden Het is bijna onmogelijk niet te worden geraakt door dit unieke werkstuk. Dat Piotrovski zijn museum een hele avond en nacht in handen legde van een filmregisseur mag ook uniek heten. De film is hem dierbaar. Hij zegt: 'Het museum is één van de hoofdrolspelers in de film. De Hermitage kent verschillende aspecten en in de film treedt de Hermitage naar voren als bewaarkamer van de Russische culturele geschiedenis. De schilderijen die Sokoerov heeft uitgekozen voor zijn film zijn niet de allergrootste werken van de Hermitage. Dit is zijn persoonlijke keuze, dat houdt verband met zijn ideeën over de geschiedenis van de cultuur van Rusland, de band tussen Rusland en de wereldcultuur. Dus het museum is één van de hoofdrolspelers, maar niet de belangrijkste. Dit is geen film over de Hermitage.'

Dat klopt. Het is een film over driehonderd jaar Russische geschiedenis en de redding van de Europese cultuur in Europa's grootste kunstark. Sokoerov: 'Het belangrijkste is natuurlijk de Hermitage, niet de Russische geschiedenis. Zoals u weet is er niet zoveel Russische geschiedenis in de Hermitage. Daar vind je Rembrandt, El Greco, Italiaanse sculpturen. Franse, Italiaanse en Russische architectuur. Heel veel. Daar vind je het kunstzinnige leven van Europa.'

Piotrovski treedt zelf ook in de film op. Hij voert een gesprek met zijn overleden vader en diens voorganger als directeur, Iosif Orbeli. Ze maken zich gedrieën zorgen over de cultuur en hoe de politieke macht omgaat met de kunsten. Piotrovski vertelt zijn gesprekspartners dat hun boeken over de Hermitage nog altijd worden gelezen. Dat stemt beide overledenen tot tevredenheid, maar ze uiten ook de zorg of de juiste mensen wel die boeken lezen. Zij die beslissen over het bewaren van de cultuur. Piotrovsi kan ze niet helemaal geruststellen.

Dat is ook de boodschap van Sokoerov: 'Ik wil met de film zeggen dat het tijd is na te denken over hoe we ons leven kunnen redden. Wat betekent dat: het leven redden? Dat is het redden van de humaniteit, de menselijke kwaliteiten, de menselijke waarden. De tijd is gekomen om te redden. Niet een politicus brengt redding, of een bankier, maar Leonardo da Vinci en Rembrandt.'

De film is een vlucht door de tijd die ook stilstaat bij tsaar Nicolaas I, die de Hermitage verder openzette voor het publiek, al besliste het hof nog altijd wie wel en wie niet een blik mocht werpen in de schatkamers. De tsaar tekende een speciale oekaze waarin de toegang tot de kunstschatten werd geregeld: 'Toegangsbiljetten tot de keizerlijke Hermitage en zijn galerijen kunnen niet door de curatoren van de Hermitage worden verstrekt, maar alleen door het Bureau van het Hof.' Elke naam van de bezoeker moest in een speciaal register worden ingevuld en het aantal bezoekers dat op één moment in het museum aanwezig mocht zijn was strikt gelimiteerd.

In de portiersloge aan de museumingang hielden de bewakers op een telraam de stand van zaken bij en bezoekers met kaartjes moesten geduldig wachten als het aantal bezoekers volgens het telraam de norm overschreed. Er waren strikte kledingvoorschriften voor de bezoekers: rokkostuum met zwaluwstaart of gala-uniform. Kennelijk werd er niet op vrouwen gerekend die belangstelling zouden kunnen hebben voor de kunsten. De strikte regels verdwenen in 1865. Naarmate het museum steeds 'democratischer' werd verloor de keizerlijke familie ook meer en meer haar interesse voor de kunstverzameling. Maar de toegang tot het Winterpaleis en zijn aanpalende galerijen bleef nog lang aan strikte regels gebonden.

Mijn toeristengidsje uit 1903 geeft wel een nauwgezette beschrijving van het Winterpaleis en wat er allemaal van binnen is te zien, maar maakt geen melding van de kunstcollectie. Het geeft een uitvoerige beschrijving van de wordingsgeschiedenis van het paleis en hoe het in 31 jaar tijd is gebouwd. Het gidsje is slechts geïnteresseerd in de 1.500 vertrekken en welke tsaar waar werkte, sliep of overleed, waar welke tsarina haar boudoir had, maar rept met geen woord over Rembrandts, Da Vinci's of Raphaels. De slotzin van de beschrijving is ook niet bemoedigend voor de bezoekende toerist: 'Het paleis is alleen toegankelijk als de keizerlijke familie afwezig is.'

Grote aankopen bleven uit. Het museum werd wel steeds meer een bewaarplaats van de collecties van particuliere verzamelaars die in hun eigen paleizen en herenhuizen geen plaats hadden voor hun aankopen. In 1910 werden maar liefst zevenhonderd schilderijen van de Hollandse en Vlaamse school toegevoegd aan de collectie. De schilderijen, wederom Rembrandts en Kalfs, behoorden tot de verzameling van Semjonov-Tjan-Sjanski.

Na de revolutie van 1917 gingen de schatkamers van het museum open om de collecties van andere musea in de Sovjet-Unie aan te vullen. Onder andere het Poesjkinmuseum in Moskou profiteerde daarvan. De communisten wisten aanvankelijk niet goed wat ze met de Hermitage aanmoesten. Het Winterpaleis was wel het centrum van de viering van één jaar revolutie. De namen Winterpaleis en Hermitage moesten voor de gelegenheid plaatsmaken voor het Paleis van de Kunsten. Enkele avantgarde-kunstenaars mochten hun gang gaan en de historische gevels op het Paleisplein behangen met hun modernistische werken die een ode waren aan de revolutie. De honderden meters canvas die de geschiedenis bedekten maakten geen indruk op de arbeiders en boeren in Petrograd. Zij vonden het bedekken van de gevels, revolutie of niet, een aanslag op hun geschiedenis. De avant-gardekunst werd al spoedig verboden kunst. De historische gevels kwamen weer tevoorschijn en de Petersburgers bleven hun geliefde Hermitage weer gewoon Hermitage noemen. Het Paleis van de Kunsten stierf al snel een stille dood.

De stad verzet zich tegen iedere aanslag op zijn verleden. De namen Petrograd en Leningrad schoten ook nooit wortel. De Hermitage hoort bij Petersburg en omgekeerd. Elke poging in de geschiedenis daarin verandering te brengen heeft schipbreuk geleden.

De film van Sokoerov is daarvan nog eens een bevestiging. Ik heb vol bewondering naar de film gekeken. Het is een meesterwerk dat past bij de reputatie van de Hermitage. Iedereen heeft zijn eigen favoriete beelden. Piotrovski: 'De een bewondert de mooie uniformen en het bal. Voor mij is het sterkste beeld dat van tsarina Catharina, die door de besneeuwde (hangende) wintertuin loopt. Niet alleen omdat dat heel mooi is, maar omdat alles er samenkomt: de tsarina met haar bontjas, de zware last van het tsarina zijn, en ook de lakei die met haar meerent, maar deze vermoeide en tegelijkertijd energieke vrouw niet kan bijbenen.'

Mijn favoriete beeld is het slotakkoord, als het Winterpaleis leegstroomt en je tussen de menigte van dignitarissen, de elite van de hoofdstad, plotseling volksdichter Aleksandr Poesjkin en zijn vrouw Natalja naar voren ziet komen. Poesjkin is er niet toevallig. Sokoerov kent zijn geschiedenis. De dichter vertoefde vaak in de Hermitage. De schilderijen inspireerden hem tot menig gedicht. Het hof verleende hem in 1832 speciale toestemming om in de Voltairebibliotheek rond te neuzen.

Petersburg is de stad waar Poesjkin zijn grootste werken schreef. Hij maakte deel uit van de beau monde. Hij gokte en zat achter de vrouwen aan, maar in Sokoerovs film komt hij als een poëtische held in beeld. Dat hele beeld met Poesjkin in het midden is Petersburg ten voeten uit. Petersburg, zegt dat beeld, is een literaire vondst, een doorlopend gedicht over een utopische stad. Als het beeld vervaagt keert de werkelijkheid terug. Petersburg is echt en het bestaat en opnieuw besef je dat dat een wonder is.

Sokoerov: 'Als mensen na het zien van deze film naar de Hermitage willen gaan is dat voor mij de grootste beloning. Niet de publieke erkenning. In het huidige Rusland vindt de elite de film niet patriottisch genoeg. Maar we moeten ons redden van die elite die zich niet bekommert om de humane kwaliteit van het leven, maar slechts druk is met de materiële kant van het leven. Als de mensen naar de Hermitage komen, nadat ze de film hebben gezien of ervan hebben gehoord, dan zou dat voor mij het allergrootste eerbetoon zijn.'

Ik heb in de loop der jaren heel wat voetstappen achtergelaten in de Oorlogsgalerij, die dateert uit 1826 en een eerbetoon is aan de helden van de Napoleontische oorlog van 1812. Of in de Wapenzaal, de Veldmaarschalkzaal, de kleine troonzaal, de witte zaal, de gouden gastenzaal, het boudoir, de Leonardo da Vinci-zaal of de zalen van de Hollandse en Vlaamse meesters. Natuurlijk is een wandeling langs al die zalen een ontdekkingstocht langs toonaangevende kunstwerken uit de Europese cultuur, maar het is ook een wandeling door de tijd. Overal voel je de aanwezigheid van het eens grote en machtige rijk.

In de Hermitage word je nog eens met je neus op de feiten gedrukt. Petersburg wilde Europeser zijn dan menige andere Europese metropool. De Hermitage is een onderstreping van het haken naar Europa. De eerste catalogi van het museum waren niet voor niets in het Frans geschreven. De Hermitage zette een trend in de achttiende en in het eerste kwartaal van de negentiende eeuw. De tsaren gingen voor en de elite volgde in het aanleggen van enorme kunstverzamelingen. Net als nu werd Europa overspoeld met het geld uit de zakken van Ruslands welgestelden die zelden vroegen wat een kunstaankoop moest kosten.

Ik ben geen kunsthistoricus, dus leerde ik veel in de Hermitage over mijn eigen Nederlandse cultuur. Vermoedelijk was het werk van Hugo van der Goes het begin van deze enorme collectie. De vroege Hollandse meesters zijn hier uit-en-te-na bestudeerd. Ik leerde er met andere ogen kijken naar bijvoorbeeld het werk van Lucas van der Weijden. Natuurlijk maakten de curatoren al in de jaren tachtig een prachtig boek over die vroeg-Nederlandse meesters. Elk detail van deze werken is bestudeerd en nauwgezet beschreven. Waar nodig zijn de details van de schilderijen of panelen uitgelicht. Elk schilderij krijgt in het boek zijn eigen geschiedenis.

De Vlaamse en Hollandse meesters uit de gouden, zeventiende eeuw hebben sinds enkele jaren een prachtige plaats gekregen in gerestaureerde zalen. Je kunt er met nog meer bewondering kijken naar Rembrandts *Danaë*. Niet meer de *Danaë* van voor de aanslag door de Litouwse nationalist Bronius Maigis op 15 juni 1985. Maigis stortte zich met een mes en een potje zoutzuur op het doek onder het uitroepen van 'Lang leve een vrij Litouwen'. De restaurateurs namen er twaalf jaar voor om het doek te herstellen. Na zijn terugkeer op zijn vertrouwde plek in de vaste collectie kan ik het werk nog steeds waarderen. Om met Piotrovski te spreken: 'Het is niet de oude *Danaë*, maar het is nog steeds een Rembrandt.'

Maigis is in de Sovjetpers destijds afgeschilderd als een seksueel gestoorde psychopaat die zich op Rembrandts vrouw Saskia zou hebben gestort, die poseerde voor het naakt. Hij is in de jaren negentig in de gevangenis overleden. Zijn zaak is nooit voor een revisie in aanmerking gekomen. Het was een vorm van terrorisme die in de museumwereld vrij uniek is. Litouwen is intussen vrij en, de goden zij geprezen, *Danaë* is er getuige van.

Vóór de aanslag had het doek een waarde van zo'n twintig miljoen euro. Het schilderij was voor 27 procent vernield. Gennadi Gerasimov leidde het team dat de restauratie ter hand nam. Hij leverde knap werk, al zeggen critici dat het een kopie is geworden van de echte Rembrandt. Ik vind Danaë nog steeds een pronkstuk.

Over al die zaken kun je met directeur Piotrovski eindeloos lang converseren. Maar de directeur, ik zei het al in het begin, is meer dan zomaar een directeur van een museum. Hij is ook een man die niet zwijgt als er aanslagen worden gepleegd op zijn stad Sint Petersburg. De nieuwe zakelijkheid in Rusland is een bedreiging voor het cultuurgoed en dus ook voor het oude Petersburg. 'Ach onzin,' zeggen die praktisch ingestelde geldmakers van de Russische elite van vandaag, 'Petersburg is een museum en in een museum kun je niet wonen. Een nieuwe tijd stelt nieuwe eisen.'

Piotrovski verzet zich tegen die dwaling, vooral sinds het

staatsbedrijf Gazprom heeft bedacht dat een 350 meter hoge toren niet misstaat in de skyline van het oude Petersburg. Hij zegt: 'Ik hoor die vraag iedere keer maar weer; kun je leven in een museumstad? Dat kan. Het gaat namelijk niet om het primitieve idee dat een museum toeristen trekt, maar het gaat om een cultureel bewustzijn. Iemand die met het plan komt in de winter een ijsbaan aan te leggen op het Paleisplein heeft het niet begrepen. Het plein behoort tot de Hermitage en daarom moet je er voorzichtig mee omgaan. Er moet een besluit komen over de officiële status van het plein, zodat we het kunnen beschermen voor de komende generaties.'

De directeur verbiedt niet alles. Hij wil geen ijsbanen zien of bierfestivals op een van de mooiste pleinen van Europa. Hij was niet tegen een concert door de Rolling Stones. 'Hoe je het ook went of keert, dat is cultuur en over een culturele bestemming valt te praten, al hebben we met de Stones wel afspraken gemaakt over het aantal decibellen dat zij mochten produceren, om onze kunstschatten en onze gevels te beschermen. Daar was begrip voor. Een soort wederzijds respect. Wij beheren het historische cultuurgoed voor toekomstige generaties en de Stones schrijven hedendaagse cultuurgeschiedenis.'

De kaars van glas en beton die van over de Neva tegenover het Smolny dreigend een schaduw zal werpen over de Hermitage kan geen genade vinden in de ogen van Piotrovski. 'Ik wil best discussiëren over de vraag hoever je moet gaan met het bewaren van de museumstad die Petersburg in mijn ogen is. Mijn stelling is dat het historische deel onaangetast moet blijven. Dit is niet een robuuste stad als Moskou. De hoofdstad heeft door de eeuwen bewezen alle grillen van de tijden te kunnen absorberen, zoals het dat ook vandaag doet. Op het historische Moskou zijn ook in de afgelopen vijftien jaar zware aanslagen gepleegd. Monumenten zijn vernietigd, achter historische façades zijn monsters verschenen. Moskou heft het hoofd en negeert de barbaarse aanslagen. Petersburg is een broze, gevoelige stad. Alles luistert nauw. De bouwmeesters van weleer hebben alles zorgvuldig op elkaar afgestemd. Hier is een groot palet aan meesterwerken verrezen. Nergens ter wereld vind je een ensemble als de Hermitage in combinatie met de Neva en de gevels van het Vasiljev-eiland. Ja, er zijn misschien mooiere rivieren dan de Neva, maar de compositie die we hier zien is uniek in de wereld. Daar mag je niet aankomen. Met de kaars van Gazprom vernietig je het sprookje dat hier in drie eeuwen is verrezen,' zegt hij in het weekblad *Itogi* in maart 2008.

Met zijn onafscheidelijke sjaal om zijn nek is Piotrovski nooit scherp emotioneel, maar altijd de rustige academicus die zijn woorden zorgvuldig kiest. Maar van binnen borrelt de emotie. 'We moeten dit alles niet bewaren vanwege de toeristen, maar voor de Petersburgers zelf die hebben geofferd om hier te wonen. Hier vind je niet het meest ideale klimaat. Ook de lucht die we inademen heeft hier iets speciaals. We leven op een moeras en op de botten van de mensen die deze stad bouwden. Dat dwingt ons tot respect voor wat het oude Petersburg is. Laten we voor de nieuwe tijden een nieuw Petersburg bouwen. Een business-Petersburg, een modern Petersburg waar hedendaagse architecten zich kunnen uitleven. Breng de toren van Gazprom drie kilometer stroomopwaarts van de Neva en iedereen is tevreden. Parijs bouwde La Défense als zakencentrum en liet het historische centrum onaangetast. De tsaren bestelden projecten en die werden uitgevoerd. Laten we die traditie weer oppakken en een nieuw Petersburg bestellen.'

De bouwplaats van de wolkenkrabber is al gemarkeerd. Ongeveer heel Petersburg is er tegen, maar in het autoritair geregeerde Rusland van vandaag doet de mening van de bevolking er niet zoveel toe, ook niet in Petersburg. Piotrovski blijft strijdbaar. Hij zegt: 'Je kunt niet trots zijn op wolkenkrabbers, ze zijn niet uniek. Ze zijn over de hele wereld hetzelfde. Je kunt wel trots zijn op het historische centrum. De monumenten vragen zorg en die is er veel te weinig. Er wordt gebouwd op plekken waar dat niet moet. Er verschenen goedkope betonnen en stalen constructies achter de Generaliteit. In dat historische monument verschenen scheuren tijdens de bouw. Op zo'n moment houd ik mijn mond niet.'

Middenin de discussie over Petersburgs bestemming als een museumstad werd de Hermitage overvallen door enkele schandalen rond de diefstal van een groot aantal antieke voorwerpen uit de opslagruimten. Niets is toevallig in dit land en ook niet in Petersburg. Piotrovski vermoedt een provocatie om hem de mond te snoeren.

Hij zegt: 'Ze zeiden, kijk naar je zelf, uit je eigen Hermitage wordt gestolen. Zorg daar maar voor, dan zorgen wij voor de stad. Die diefstallen zijn te herleiden tot de jarenlange verwaarlozing die we hebben moeten ondergaan vanwege de onderfinanciering door de staat. Ja, er zijn 200 voorwerpen verdwenen waarvan we er 31 hebben achterhaald. Van de eerste dag af hebben we over de diefstal open bericht.'

In een van de Russische weekbladen is hij zeer openlijk over zijn strijd met de politieke macht. Er spreekt uit zijn woorden een emotionele drang zijn kunstschatten te verdedigen in het moderne Rusland waar alles om geld draait en ook alles en iedereen te koop is. Probeer in zo'n sfeer maar eens zuiver op de graat te blijven als je het beheer hebt over meer dan een miljoen museumstukken die een onschatbare waarde vertegenwoordigen.

Hij zei in dat interview: 'Ik ben ervan overtuigd dat de hele diefstalaffaire een provocatie was. Iemand heeft geprobeerd een bom onder de Hermitage te leggen. Er waren geluiden dat zekere stromingen de Hermitage wilden privatiseren. Dat zou een klassieke tragedie zijn geweest. Ze hebben die bom geplant, maar wij hebben hem gedetoneerd. Het staatsmuseum moet blijven. Onze rijkdom zit in onze museumstukken. De zalen zijn de façade, daarachter voltrekt zich het wetenschappelijke werk. We zijn niet conservatief. We zijn hier niet alleen maar om te bewaren wat er is. We zijn een wetenschappelijk instituut dat je niet kunt privatiseren. Er zijn de rijken onder ons die willen investeren in de kunst. Ze zijn welkom, maar het instituut Hermitage is van iedereen.'

In de communistische jaren heeft de Hermitage al genoeg schade geleden. Vooral in Stalins tijd werden geen vragen gesteld over de handelingen met de kunstschatten. Er is op hoog niveau gegraaid uit de rijkdommen die in drie eeuwen zijn verzameld. Piotrovski: 'Niet alleen Stalin verkocht uit de Hermitage, tsaar Nicolaas I deed dat ook, maar hij kon nog min of meer claimen dat dit alles familiebezit was. Stalin niet. In zijn jaren zijn zeker 21 meesterwerken terechtgekomen in de National Gallery in Washington, waaronder Raphaels en Van Eycks. Die werken terugkrijgen zal altijd een droom blijven.'

Na de revolutie zijn vele particuliere kunstverzamelingen van de Russische elite domweg genationaliseerd. Piotrovski: 'Het is ook moeilijk te voldoen aan eventuele familieclaims. Vroeger waren dat prachtige families zoals de Stroganovs. Maar de traditie van het verzamelen van kunst is verloren gegaan ook onder die families. Het is beter voor iedereen te weten dat de kunstschatten hier veilig zijn en voor iedereen bereikbaar.'

En ze zijn bereikbaar, desnoods 's nachts. Sinds 2003 hoeven de bezoekers van de Hermitage niet meer via de achterdeur dit fenomeen te betreden. Aan de kade van de Neva was sinds de revolutie van 1917 een geïmproviseerde ingang het museum onwaardig. Nu kan de bezoeker weer door de majesteitelijke entree naar binnen via het Paleisplein. Ik zag er de lange rijen staan toen de opening werd gevierd met museumnachten. Al om drie uur tijdens de eerste nacht moesten de deuren van het museum dicht omdat de massa's binnen eenvoudig het maximum hadden bereikt. De duizenden mensen die desondanks in de rij bleven staan mochten hopen dat voor het ochtendgloren mensen zouden vertrekken. Voor iedere vertrekkende bezoeker werd weer iemand binnengelaten. Maar er waren weinig vertrekkende bezoekers. De massa's dropen pas af toen om zes uur de eerste metrotreinen weer gingen rijden.

Ik was gelukkig op tijd binnen die nacht. Er is nauwelijks beweging in de massa mensen. De Hollandse en de Italiaanse zalen zijn volledig geblokkeerd. Op de trappen van de Egyptische zaal tref ik Julia aan die al sinds het middaguur in het museum is. Ze zegt: 'Je raakt niet uitgekeken. De sfeer is fantastisch. Overal die strijkjes die zorgen voor de sfeervolle muziek. Ik ben hier op de trap in slaap gevallen. Ik heb hier wel een uur gelegen en iedereen is keurig over me heen gestapt. Niemand die zich er aan stoorde.'

Op diverse andere plekken zie ik mensen die aan een culturele indigestie zijn bezweken en tevreden ademend een uiltje knappen. In 2003 schonk de Hermitage zijn bewonderaars een week, elke dag en elke nacht, om gratis rond te kijken in de schatkamers. De week was te kort om iedereen tevreden te stellen. Piotrovski glunderde: 'Welk geschenk kan een museum anders geven aan zijn stad en aan zijn bewoners?'

De band die de Pitertsy hebben met hun Hermitage is ontroerend. Op een steenworp afstand ligt een ander museum, eveneens met een rijke geschiedenis. Een kunsthuis dat ook hecht is verankerd in de geschiedenis van Petersburg. Toch heeft het minder allure en dat ligt zeker niet aan de schatkamers die ten dienste staan van de museumbezoeker. Het Russisch Museum heeft zich van het begin af geconcentreerd op de Russische kunst. De geschiedenis die het museum heeft te vertellen is minstens zo boeiend als de Hermitage. Alleen de uitstraling is anders.

De architect Karl Rossi tekende voor dit paleis aan het Plein der Kunsten. In opdracht van tsaar Alexander I bouwde hij voor de jongste broer van de tsaar, Michail Pavlov, dit ensemble. Tsaar Alexander III doopte het paleis op 13 april 1895 om in een museum gericht op het verzamelen van puur Russische kunst. Drie jaar later ging het museum voor het publiek open. Het is pas sinds de laatste tien jaar dat er internationale belangstelling is gekomen voor de verzameling en dat collecties hun weg vinden over de wereld.

Behalve de traditionele iconen is de ontwikkeling van de schilderkunst in Rusland hier prachtig in beeld gebracht. De wereld heeft intussen kennisgemaakt met de werken van Ilja

Repin (1844-1930). Zijn portretten van beroemde personages zijn adembenemend. Vermaard is natuurlijk de laatste momentopname van de componist Modest Moesorgski die op 42-jarige leeftijd aan drank ten onder ging. Het portret van de schrijver Lev Tolstoj aan het werk of de poserende staatsraad A.P. Igantjev zijn juweeltjes van schilderkunst.

Van Karl Pavlovitsj Brjoellov moet je houden. Misschien zijn de Italiaanse invloeden in zijn werk te nadrukkelijk om hem typisch Russisch te kunnen noemen. Dat is wel mijn favoriete Russische landschapsvirtuoos Ivan Ivanovitsj Sjisjkin. En sta beslist ook even stil bij de sneeuwtaferelen van Vasili Ivanovitsj Soerikov om vervolgens via Michail Aleksandrovitsj Vroebel te belanden bij de modernisten als Marc Chagall, Vasili Kandinski en de avant-gardekunst onder aanvoering van Kazimir Malevitsj.

Het was in het Russisch Museum waar ik Pavel Nikolajevitsj Filonov (1883-1941) leerde bewonderen. Een man die volledig zijn eigen weg ging naast de avant-gardetrend. Zijn werken hebben een bijna wiskundige benadering in hun composities. Zijn leerlingen hield hij het volgende voor: 'Een kunstwerk is elk werkstuk dat is gemaakt met de maximale gevoeligheid van analytische maakbaarheid.'

Filonov leefde voor zijn werk dat hij niet verkocht. Zijn familie heeft vele jaren na zijn dood zijn complete werk overgedragen aan het Russisch Museum. Filonov had een moeilijke relatie met de revolutie van 1917, die hij aanvankelijk omarmde en later in zijn werken subtiel op de hak nam. Beesten krijgen gezichten van mensen en mensen zien we soms veranderen in beesten.

Er gebeurt zoveel in zijn werken dat één blik op zijn werken niet voldoende is. Filonov is weliswaar in Moskou geboren maar ontwikkelde zich in Petersburg tot een wonderkind onder de avant-gardekunstenaars.

Zijn werk heeft tot het eind van de jaren tachtig opgeborgen gelegen in de bewaarplaatsen van het Russisch Museum. Toen het daar eenmaal uitkwam, gingen de Petersburgers in drommen genieten van de kunstwerken die hun decennia lang waren onthouden als zijnde 'contrarevolutionair'. Filonov ging zo op in zijn werk dat hij ondanks waarschuwingen van zijn vrienden de blokkade van Petersburg in de Tweede Wereldoorlog geheel negeerde. Hij trof geen voorbereidingen om honger en kou te overleven. Hij overleed al in de eerste winter van de blokkade in 1941 aan ondervoeding en uitputting.

Voor de liefhebbers is er in het Russisch Museum ook een uitgebreide collectie te bewonderen van het Sovjetrealisme. Deze propagandakunst krijgt naarmate de afstand tot het 'rijk van het kwaad' groter wordt toch een eigen status. Als curiositeit en in het licht van zijn tijd is deze kunst in opdracht van de staat het bestuderen waard. Als ik naar de werken kijk, kan ik niet de indruk onderdrukken dat in de tijd van de Sovjet-Unie de leiders, de kunstenaars en het volk een macaber spel met elkaar speelden. Wie manipuleerde wie? Maar je kunt als je naar die beelden kijkt nooit vergeten dat achter de glorie van het communisme de miljoenen slachtoffers liggen van dit krankzinnige experiment.

Piotrovski zei al dat de Pitertsy zich altijd bewust zullen zijn hoeveel botten er in het moeras liggen waarop hun stad is gebouwd. Behalve dat is Petersburg een van de steden in de Sovjet Unie die het zwaarst is getroffen door de communistische terreur. Het paradijs in het moeras en de dood zijn onlosmakelijk met elkaar verbonden. Het Russisch Museum speelt zijn eigen rol in de geschiedenis van Peters Paradijs.

De directeur van de Hermitage heeft vertrouwen in de toekomst. 'Rusland heeft helaas een traditie van vernietigen. We laten de façade staan en daarachter mag je doen wat je wilt. We hebben een plan op lange termijn. De eerste halteplaats is 2014, als de Hermitage zijn 250-jarig bestaan viert.'

Nederland speelt ook daarin een rol. Piotrovski is in de ban geraakt van de Nederlandse architect/filosoof Rem Koolhaas. De Nederlander gaat het hele complex inclusief de aansluiting met de gebouwen van de Generaliteit opnieuw inrichten, de tentoonstellingen overzichtelijker en nog toegankelijker maken. Het is Piotrovski's droom dat het Paleisplein tegen die tijd echt helemaal geïntegreerd zal zijn met zijn museumcomplex.

Is de discussie over de kleur van de gevel van het Winterpaleis tegen die tijd ook uitgewoed?

Waarom heeft de Hermitage een groene gevel?

Piotrovski: 'De façade is ooit zachtroze geweest en ook bloedrood. Na de Tweede Wereldoorlog is gekozen voor groen. De kleur was dezelfde als de façade van het Catharinapaleis in Tsarskoje Selo. De kleur is schreeuwerig. In de tijd van de Sovjet-Unie waren de kleuren ronduit slecht. Nu kunnen we betere kleuren maken. Je ziet ook in het historische centrum dat steeds meer traditionele pasteltinten terugkeren. Mensen met goede smaak willen voor de Hermitage een aubergineachtige kleur, tegen het geel aan. De architect Rastrelli koos destijds voor het Winterpaleis een parelachtige kleur. We hebben nog niet besloten wat we doen. Alles moet gebeuren in harmonie met de omgeving.'

Titanen ondersteunen de Russische ark: de Hermitage

Aan de Petersburgse grachten

Hoofdstuk 9

Opvallende ontmoetingen in het paradijs

En daar zat ik met twee huilende dames op mijn kamer in het Pribaltiskajahotel aan de Finse Golf. Ze waren redelijk aantrekkelijke uitgerust met lange benen die een welgevormd lichaam overeind hielden waarop sprekende gezichtjes stonden. Het waren mijn eerste witte nachten in Sint Petersburg in 1990. Ik leerde de stad kennen van de trappen van de Isaacskathedraal. Nachtelijke wandelingen langs de Neva. Ongemakkelijk zittend in een wiebelend bootje dat over het opgezwiepte water zijn weg zoekt onder de dreigende bliksemschichten uit de zwarte wolken die de witte nachten een ietwat ontluisterende aanblik gaven.

Na een van mijn omzwervingen tijdens die eerste witte nachten belandde ik in de valutabar, annex discotheek, van mijn hotel Pribaltiskaja. Een nieuw opgetrokken pilaar in een trieste buitenwijk van het paradijs. Naar goed Sovjetgebruik was meer naar kwantiteit dan naar de kwaliteit van de ruimte gekeken die hier is opgetrokken.

Het hotel moest het in die dagen vooral hebben van toeristen uit het nabije Finland die visumvrij naar de Sovjet-Unie konden reizen. De in eigen land nagenoeg drooggelegde Finnen werden met busladingen tegelijk afgeleverd bij het hotel, voornamelijk mannen. Velen namen niet de moeite na aankomst hun kamer op te zoeken, maar nestelden zich onmiddellijk in de valutabar. Sommigen verlieten deze plek pas als de bus hen twee dagen later weer ter ontnuchtering naar huis bracht.

De broeierige sfeer in de valutabar was niets bijzonders in de Sovjetdagen. Het was de enige plek waar prostitutie werd geaccepteerd. In de nadagen van het Sovjetrijk waren goedkope drank en prostitutie de aantrekkelijke kanten van een weekeinde Petersburg voor de Finnen. Ze kwamen massaal. Het ging er ruig aan toe. De vol met drank geladen Finnen zochten op een weinig subtiele wijze toenadering tot de dames en de dames probeerden zoveel mogelijk valuta uit hun ladderzatte klanten te halen.

Een bacchanaal à la Peter de Grote ontwikkelde zich voor mijn ogen. Ik geloof dat de geliefde tsaar niet minder vrijpostig omsprong met vrouwen die hij begeerde. Ik kijk van een barkruk af naar dit onderwereldse tafereel. Alle menselijke normen zijn hier vervaagd. Hier regeert een bestiale wederzijdse begeerte; een door drank aangestuurde honger naar seks versus geld. Een liederlijke enclave in een verpauperde omgeving.

Buiten ligt de stad badend in het poollicht. Zijn schoonheid is in alle toonaarden bezongen. De schepping is omgedoopt tot een wereldwonder. Zelfs zij die in zijn geschiedenis het paradijs hebben overladen met spot hebben er nooit afscheid van kunnen nemen. De losgeslagen bende voor mijn ogen zal dit alles zo een zorg zijn.

Met het wonder zelf is het op dat moment trouwens ook treurig gesteld. De stad probeert aan zijn zoveelste vernietigingspoging te ontsnappen. Zeventig jaar Sovjet-Unie heeft een zware tol geëist. Het blijft mogelijk dat de droeve voorspellingen alsnog uitkomen en het moeras dat de stad draagt als een drassige verlaten woestenij zal overwinnen.

In deze overladen valutabar, lijkt de viering van de ondergang van Peters schepping in volle gang. Ik zit half te dromen met mijn glas bijtend zure Russische wijn uit Krasnodar in mijn hand. Plotseling duiken twee jonge dames ter weerszijde van mij op en slaan hun armen om mijn nek. Eén fluistert in mijn oor: 'Help.' Ik duw de dames even van mij af om naar adem te happen. Mijn uitzicht is beperkt door hun half ontblote golvende borstpartijen. Slierten van hun blonde en bruinrode kapsels hangen voor mijn ogen. Maar door dat gordijn zie ik twee Finnen van middelbare leeftijd onzeker ter been, maar zeer zeker op mij afkomen. Ze schreeuwen iets in hun onverstaanbare wonderlijke taal. Beiden klemmen een fles wodka in de hand. Over mijn schouder, maar nog altijd mij in een innige omhelzing houdend, slaken de dames paniekerige kreten tegen de barkeeper. Ik hoor hem op gebiedende toon in half Engels, half Russisch achter mijn rug zeggen: *'Go bystro to elevator. Bistro, bistro...'* Ik weet niet waarom, maar ik gehoorzaam braaf en de dames sleuren mij aan mijn armen mee een gangetje in achter de bar naar een dienstlift. Als de deuren van de lift zijn gesloten word ik overladen met kussen en: *'Thank you, thank you'.* Als een automaat druk ik op het nummer van mijn etage. De dames snikken het uit. En dat doen ze nog steeds als ik hen op de negentiende etage mijn kamer binnenlaat.

Met een blikje bier in de hand komen ze tot rust. We praten uren in een mengelmoes van mijn dan nog gebrekkige Russisch en hun gebrekkige Engels. De een heet Vera en de ander Svetlana. Het is hun eerste avond op de tippeltoer. Via een vriendin hebben ze zich ingekocht bij de maffia die de controle heeft over de valutabar. Beiden zijn 23 jaar. Ik begrijp dat ze bij een soort overheidsdienst werken als secretaresse.

Hun verhaal is niet anders dan de verhalen van vele anderen. De Sovjet-Unie is aan het verloederen en dat proces heeft ook aan Petersburg gevreten. De meisjes willen geld verdienen en niet de houten roebels die de staat hun op dit moment betaalt. Het Westen lokt. Niemand kan wachten tot de grote vloedgolf aan dollars ook de Sovjetburger eindelijk gelukkig zal maken.

De eerste confrontatie van Vera en Svetlana met het 'grote geld' heeft hen in een schoktoestand gebracht. Finse mannen die met hun zatte kop zonder enige inleiding al met hun handen in hun kruis zaten nog voordat er twee woorden waren gewisseld. Daarna het stevig betasten van de borsten en het bevel *'go, fuck, room'*. Ze hadden nog manhaftig geprobeerd de mannen tot bedaren te brengen, maar de sfeer werd steeds agressiever. Uiteindelijk zagen ze in mij een vluchtheuvel, renden naar de bar en vlogen mij om de nek.

Ze zeggen dat dit vermoedelijk hun eerste en laatste tippelavond is. Na lang praten besluiten ze 'gewoon in business te gaan' om hun droom te verwezenlijken. Of trouwen met een man uit het beloofde land Europa. 'Ben jij getrouwd?', luidt meteen de directe vraag. Beide meisjes doen me sterk denken aan Malenkaja Vera of wel de Kleine Vera. Filmregisseur Vasili Pitsjoel heeft in 1988 een film gemaakt die voor het eerst het droeve en uitzichtloze leven vastlegt van de gemiddelde Sovjetburger.

De film draait om de achttienjarige Vera, die opgroeit in een troosteloos industriestadje in Oekraïne. Maar dat industriestadje had ook Petersburg anno 1990 kunnen zijn. De Sovjetburgers stromen met tientallen miljoenen naar de bioscoop om naar zichzelf te kijken. Voor het eerst zien de bioscoopbezoekers seks op het witte doek, maar vooral zien ze de ellende van hun eigen leven. Hier, vóór mij, op het tweede bed in mijn hotelkamer zitten twee Vera's te lurken aan een blikje bier. Net hebben hun dromen over een ander leven butsen opgelopen. De Vera uit de film loopt alleen maar kneuzingen op.

Mijn Vera's hebben niets met Petersburg. De stad zegt ze niets, noch de historie, noch de monumenten. Vera zegt: 'Het is een suffe stad. Ja, als je zoekt vind je wel kelders waar ze popmuziek spelen. Maar hier in de bar is het echte leven. Die Finnen zijn rijk en hier kun je drinken wat je wilt.' Ze schrikt van haar eigen woorden. 'Ik bedoel, dat dacht ik. Ik dacht dat het makkelijk zou zijn om aan te pappen met een man, een beetje seks en honderd dollar vangen.' Svetlana zegt: 'Petersburg heeft geen toekomst. Het zal altijd ellende blijven. Ik dacht: misschien vind ik zo'n man hier in de bar wel aardig. Trouwen en wegwezen...' Ze begint te huilen als ze dit zegt. 'Het leven is echt rot hier...'

De gangdame heeft ons bier regelmatig ververst, maar om vijf uur in de ochtend denk ik toch dat de meeste Finnen zo zijn uitgeteld dat mijn kersverse vriendinnen veilig het hotel kunnen verlaten. Dat huwelijk met mij moet nog maar even wachten, zeg ik. Het wordt vast weer leuk in Petersburg. Ze delen mijn optimisme niet. Veiligheidshalve breng ik ze naar de lobby van het hotel en naar de buitendeur. Overal liggen dronken Finnen te ronken, de fles nog stevig in de hand geklemd.

Vera en Svetlana verdwijnen in een Wolga met een chauffeur die vet naar mij knipoogt. Ongetwijfeld heeft hij visioenen van mijn nachtelijke escapade met twee sexy meiden in mijn bed. Ik stop hem wat dollars in de hand met het verzoek de dames veilig af te leveren. Ze wuiven nog even door de achterruit en verdwijnen in de motregen, die mij over de jaren heen altijd is blijven achtervolgen in Petersburg.

In het Pribaltiskajahotel zal ik in de loop der jaren nog vaak komen. Het is nu een viersterrenhotel en bij grote gebeurtenissen fungeert het vaak als perscentrum. Er zijn geen dronken Finnen meer. De Vera's en Svetlana's zijn er nog wel, maar nu heel discreet hun diensten aanbiedend. Petersburg herleeft min of meer in stijl. De ondergang lijkt opnieuw afgewend.

Maar de tevredenheid onder de bevolking is vaak maar schijn. Tijdens de dagen van de viering van het 300-jarig bestaan in 2003 laat ik mijn haar knippen in een kapperssalon die aangekleed lijkt als een ruimtestation. Alles zoemt of klikt er. Tv-schermen laten voortdurend modeshows zien en het knippende personeel bestaat voornamelijk uit jonge dames die in sexy dienstkleding rond je stoel dartelen. De hoofdmassage suft je bijna in slaap.

Mijn kapster praat honderduit over haar hobby's en vooral over haar plannen om dit ruimteschip van Peter de Grote te verlaten. 'Ik werk tot negen uur. Zullen we daarna wat gaan eten,' stelt ze voor. Ze maakt er geen geheim van dat ik misschien wel de loopplank zou kunnen zijn waarover zij dit ruimteschip kan verlaten. Ik sla de uitnodiging beleefd af.

Ontmoetingen in een stad die altijd nog iets tijdelijks over zich heeft. Niet trouwens voor de mannen van Hollands Glorie die ik ontmoet en die ervoor zorgen dat het paradijs voor het eerst sinds meer dan driehonderd jaar droge voeten houdt bij de ergste stormen die het water uit de Finse Golf opstuwen tot springvloed. Zij werken aan het voortbestaan van dit wereldwonder.

Zo speelt Nederland opnieuw een vooraanstaande rol bij de wederopstanding van de stad. Die betrokkenheid is een bevestiging van de historische band die er is tussen de Lage Landen en Petersburg, al moeten we die nu ook weer niet overdrijven. Maar goed, water schept een band. Na een gevecht van meer dan drie eeuwen ziet het er zelfs naar uit dat overstromingen de monumenten in de Nevadelta niet meer kunnen aantasten.

Ik rijd naar Kronstadt waar de redding van Petersburg ligt. Ik ontmoet er de mannen van Hollands Glorie. De baggeraars en waterbouwkundige ingenieurs die Nederland over de hele wereld faam hebben bezorgd als temmers van woeste wateren.

'Zij zeggen: Jullie hebben ons idee gepikt. Wij zeggen: Wij hebben hem eerder gebouwd.' Ik sta met Bert te Slaa, een van die Hollandse waterbollebozen, voor een enorme bouwput die langzaam vol water stroomt. De bouw van de stormvloedkering in de Finse Golf bij Petersburg nadert zijn finale fase.

Nederlanders spelen een grote rol bij het voltooien van een project dat Ruslands tweede stad na meer dan drie eeuwen eindelijk moet vrijwaren van de last van permanente wateroverlast en grote overstromingen.

Sommigen zeggen dat de dam en de stormvloedkering een historie hebben zolang de stad bestaat. Anderen nemen 1978 als begindatum van het project. In zijn geschiedenis is de stad sinds 1703 meer dan 300 maal getroffen door een grote of kleine overstroming. De springvloed van 1824 werd de stad bijna fataal en in 1924 dreigde nog eens de ondergang.

Alexander Boutovski lacht: 'We moeten dus zeker voor 2024 klaar zijn om een nieuwe ramp te voorkomen.' Elke eeuw slaat het water ten minste één keer verwoestend toe. Alexander is als Nederlands staatsburger na acht jaar terug in zijn geboortestad om te helpen een Petersburgse droom te verwezenlijken: leven zonder de angst voor het water.

Te Slaa en Boutovski zijn ingenieurs van het Nederlandse ingenieursbureau Koninklijke Haskoning. Samen met de baggeraars van Boskalis drukken zij het Nederlandse stempel op een project dat de Russen zelf ooit bedachten. Bert te Slaa weet: 'Toen in Nederland het plan ontstond ook de Nieuwe Waterweg te beveiligen met een stormvloedkering is er een competitie uitgeschreven voor een ontwerp. Enkele deelnemers zijn hier gaan kijken wat de Russen hadden bedacht. Maar of hun plan een kopie was van het Russische ontwerp is moeilijk te zeggen. Beide ideeën komen wel dicht bij elkaar.'

Het plan voor 'de dam', zoals het project in Petersburg in de volksmond heet, ontstond in de jaren zeventig. In 1978 begon het aanleggen van de dam waarin sluizen moesten komen. Er moest ook een open verbinding blijven met de Oostzee om de functie van Petersburg als belangrijke haven veilig te stellen. Er was ook een militair element. De stad Kronstadt op het eiland Kotlin is een belangrijke basis voor de Baltische marinevloot van Rusland.

Het was ondenkbaar een aantal jaren geleden dat buitenlanders zouden staan op de plek waar we nu uitzicht hebben op de dam. Ik kijk uit over het kanaal waarin de stormvloedkering ligt. Onder de kering ligt de verkeerstunnel. Dit was een gesloten zone, verboden gebied voor buitenlanders.

Het project heeft jaren stilgelegen. De Sovjet-Unie had geen geld meer dergelijke grote bouwwerken te voltooien en ook in de eerste jaren van het nieuwe Rusland was geld schaars. De Europese Bank voor Reconstructie en Ontwikkeling (EBRD) schoot te hulp met een krediet van 245 miljoen euro om het project weer op gang te helpen en Petersburg van de ondergang te redden. Het historische centrum dreigde steeds verder te worden aangetast door het water.

Rusland heeft nu geld. De kosten van het afbouwen van de dam en de stormvloedkering zijn opgelopen tot meer dan twee miljard dollar, omdat de dam nu deel uitmaakt van een nieuwe rondweg rond Petersburg.

Te Slaa: 'We hebben het economisch aangepakt. De metalen schotten die in de jaren zeventig zijn gemaakt voor de stormvloedkering stonden hier nog steeds keurig opgesteld en die hebben we gebruikt. Daar was niks mis mee. Het oude plan was voor negentig procent uitvoerbaar. Vijf procent moest worden bijgesteld en vijf procent moest nieuw worden ingebracht.'

Voor Boskalis is het een bijzonder project. De milieu-eisen zijn groot in de gevoelige omgeving van de Finse Golf. Het is ook niet ongevaarlijk. In de Tweede Wereldoorlog is zwaar gevochten rond Kronstadt. Met de stenen en de klei zijn meer dan 500 stuks munitie naar boven gekomen tijdens het baggeren. Projectleider Pieter van Vuuren bereidt de laatste fase voor van het afronden van de 15 kilometer lange nieuwe vaarroute die Petersburg met de Oostzee verbindt.

'De Russen halen zelden buitenlandse expertise bij dit soort grote publieke werken. Dat maakt het werken hier heel bijzonder,' aldus Van Vuuren.

Er is een groot verschil met de Nederlandse stormvloedkering bij Hoek van Holland. De Nederlandse kering sluit één keer per jaar als oefening. Te Slaa: 'Deze kering zal minimaal één keer, maar waarschijnlijker twee keer per jaar sluiten om Petersburg te beschermen.'

De dam die Petersburg moet beschermen is 25,4 kilometer lang. Op de dam kan het verkeer over zes banen razen. Er zitten zes sluizencomplexen in de waterkering. De deuren van de stormvloedkering staan in een droogdok. Bij een stormwaarschuwing komen de dokken onder water en schuiven de deuren op hun plaats om het water te keren. Zeventien meter onder de kering ligt de verkeerstunnel.

Aanvankelijk waren de totale kosten van het project geraamd op 420 miljoen dollar, maar dat bedrag is opgelopen tot meer dan twee miljard. Het hele project is klaar in 2012, maar de Russen willen haast maken en dit kunstwerk in 2010 afronden.

Petersburgers zijn trots op hun dam. Het uitzicht op droge voeten, minder doordrenkte funderingen en een rioolsysteem dat niet wegzinkt in het moeras geeft de burger weer moed dat het toch nog goed komt met Petersburg. In het voorjaar en in de zomer van 2008 hoor ik duizenden mensen scanderen: *Piter eto nasj gorod, Piter eto nasj gorod.* Of wel, Petersburg is onze stad.

Vooral in maart komen verrassend vele duizenden mensen de straat op. Nergens in Rusland komt het verzet tegen de toenmalige president Poetin, maar vooral tegen het bestuurlijke systeem dat hij heeft georganiseerd, meer van de grond dan hier. In de tweede stad van het land lijkt het even te lukken, maar de oppositie is te zwak georganiseerd en hopeloos verdeeld om de vuist dreigend geheven te houden.

Alleen in Petersburg kon de sfeer ontstaan die een brede oppositiebeweging tegen een autoritair regime vleugels had kunnen geven. Het lukte niet, maar sfeer was er genoeg.

Het is juni 2008. In een keldercafé in Sint Petersburg zitten ze bij elkaar, de mannen en de vrouwen van de politieke oppositiebeweging 'Een Ander Rusland'. De schaakgrootmeester Garry Kasparov ligt op een bank te slapen. Hij is de leider van het bonte gezelschap. Dit zijn de dissidenten in Poetins Rusland. De vertegenwoordigers van de internationale media hangen aan de bar en drinken thee. Voor iets sterkers is het veel te vroeg. Buiten heeft zich een politiemacht verzameld die doet vermoeden dat straks tienduizenden mensen de straten van Ruslands tweede stad onveilig gaan maken.

Ik zie het tafereel aan en denk: waarom doet hij dit allemaal? Op de bank ligt een wereldberoemde man. Hij heeft talloze andere wonderkinderen verslagen aan het schaakbord en hij heeft 's werelds beste schaakcomputers op tilt gekregen. Hij is in goeden doen. Hij kan zich overal vestigen en van het leven genieten zonder enige financiële zorgen. Zijn dienst aan de samenleving heeft hij onder meer al bewezen met het kapitaal dat hij heeft gestoken in een liefdadigheidsfonds dat goed werk doet onder kinderen wereldwijd die vluchteling zijn. Het fonds functioneert al vele jaren.

Hij wordt gewekt. Het is tijd om te demonstreren. We gaan

naar buiten. Opnieuw leidt Kasparov een 'Mars van de On-vrede'. De politiemacht in volle rellenuitrusting steekt pot-sierlijk af tegen de paar duizend man die 'Rusland zonder Poetin' of 'Piter is onze stad' roepen. Kasparov loopt voorop en scandeert uit volle borst mee. Zo heb ik hem in actie gezien in Petersburg eerder dit jaar. Toen vielen er rake klappen. Het blijft nu rustig. Ik zie hem ook een aantal keren in Moskou in actie. Hij ontmoet er bruut geweld van de zijde van het gezag. Een paar keer is hij opgepakt.

Vlak voor de parlementsverkiezingen van 2 december 2007 sta ik er met mijn neus bovenop om te zien hoe in Moskou een peloton oproerpolitie speciaal is vrijgemaakt om hem te arresteren tussen de menigte, die hem wil afschermen. Hij lacht uitdagend en roept naar de media: 'Kijk goed om je heen, dan zie je Poetins Plan in actie.' 'Poetins Plan' is op dat moment de raadselachtige verkiezingsleuze van de Kremlin-partij. De autoriteiten sluiten hem dit keer zonder enige vorm van zorgvuldig proces voor vijf dagen op.

Kasparov flirt eerder met de politiek in het begin van de jaren negentig onder president Jeltsin. Zijn politieke ambitie komt nooit goed van de grond. De democratie sukkelt onder Jeltsin wat voort. Kasparov heeft zijn hoofd nog veel bij scha-ken, al heeft hij alles in de sport bereikt wat er te bereiken valt. Hij is de beste schaker aller tijden en hij zal dat nog de-cennia lang blijven, ook zonder te spelen.

In 2004 schuift hij het schaken naar de achtergrond. Poli-tiek wordt een dagtaak en zijn opponent heet de inmiddels almachtige en op het oog populaire president Vladimir Poe-tin. Ik reis met hem die zomer naar Jaroslavl, een provincie-stadje zo'n 300 kilometer ten noordoosten van Moskou. Som-mige plaatselijke gezagsdragers ontvangen hem. Anderen mijden hem. Hij bezoekt een school en schaakt met de kin-deren. Hij ontmoet er gelijkgezinden die net als hij actie wil-len tegen het bewind van Poetin dat een 'soevereine demo-cratie' bouwt, met de nadruk op soeverein en met slechts een vage buiging naar de democratie.

Tussendoor hebben we tijd om te praten. Zijn doel is Rusland op het pad te zetten van een beschaafde natie waar de mensen in vrijheid en voorspoed kunnen leven. Een nobel streven. Wat goed is voor westerse landen, waarom zou dat slecht zijn voor Rusland? vraagt hij. Nergens zag ik hem beter tot zijn recht komen dan in Petersburg. De sfeer van de stad is gemaakt voor dissidenten. Er heerst onder de oppervlakte een vrije geest. De stad ligt zo dichtbij Europa dat het iedere keer in zijn geschiedenis zijn Russische slaafsheid lijkt af te werpen. Maar iedere keer zijn het weer schijnbewegingen. We zeiden het al eerder, de stad is een Europees gezwel op Russische grond.

Kasparov loopt hier ook tegen het fenomeen op dat de Russische volgzaamheid het uiteindelijk wint van de Europese vernieuwing. Hij is gedreven. Hij lijkt bezig met het schaakspel van zijn leven. Komt de gedrevenheid voort uit zijn verleden? Hij redde in de laatste dagen van de Sovjet-Unie zijn Armeens-joodse familie uit Bakoe, zijn geboortestad. De Azeri's keerden zich met geweld tegen de Armeense minderheid. Er vielen talloze doden.

Mededemocraten noemen hem een onhandig politicus. Sommigen willen niets met 'Een Ander Rusland' te maken hebben, omdat hij verbonden sluit met iedereen die tegen Poetin is. Het regime weet niet goed wat te doen met hem. Het persbureau Novosti, dat net als in de tijden van de Sovjet-Unie weer dienstdoet als propagandabureau van het Kremlin, wordt soms tegen hem ingezet. Novosti richt zich voornamelijk op westerse media. Het bureau heeft altijd wel artikelen in de aanbieding van vage professoren in de politieke wetenschappen die Kasparov graag willen verbinden met anti-Russische groeperingen, Amerikaanse conservatieven of NAVO-haviken die zich tot doel hebben gesteld Rusland te vernietigen.

Kasparov zegt dat een Amerikaanse organisatie die zich het Center for Security Policy noemt hem ooit ongevraagd een diploma heeft gestuurd met de mededeling dat zij hem erelid hebben gemaakt van die organisatie omdat hij zich inzet voor de democratie in Rusland. Daaruit vloeit voort dat zijn naam ook is gebruikt door een rabiaat rechtse Amerikaanse club als de National Security Advisory Council. 'Namen van bekende wereldburgers worden soms misbruikt voor politieke doeleinden. Ik heb al die organisaties gevraagd mijn naam niet meer te gebruiken en dat gebeurt ook al jaren niet meer,' zegt hij berustend. Het Kremlin gebruikt dit soort semifeiten graag om hem af te schilderen als een van de voormannen van de 'vijfde colonne' die er namens het Witte Huis en Europa op uit is om Rusland klein te houden.

Maar de schaakgrootmeester, zoals ik hem nu een aantal jaren volg, is een eenling net als aan het schaakbord. Als ik hem vraag of het hem niet ontmoedigt dat de massa's die hij op de been weet te brengen voor een democratisch en vrij Rusland wel erg klein blijven (nooit meer dan een paar duizend man) zegt hij: 'Het gaat om de kwaliteit en niet om de kwantiteit. Kijk naar de politiemacht die het Kremlin iedere keer op de been brengt om ons te imponeren en angst aan te jagen. Het is een kenmerk van een autoritair regime. Het regime is bang, want het is niet stabiel. Er is maar één vonk nodig om de nu zwijgende massa plotseling in beweging te brengen en dan is dit regime verdwenen voordat Poetin het zelf in de gaten heeft.' Er klinkt geen spoortje van twijfel in zijn stem. De stijl van een grootmeester, die een grenzeloos vertrouwen heeft in *zijn* analyse van de posities op het schaakbord.

De democratische beweging kreeg eind jaren tachtig van de vorige eeuw vleugels in Petersburg. Kasparov probeert een herleving van de democratie aan te wakkeren, maar Petersburg is nog onwillig opnieuw de nek uit te steken. Het is wel het gespreksthema in de vele ontmoetingen die ik heb met Petersburgse vrienden. Ik kan over het thema democratie en persvrijheid bijvoorbeeld met Sasja lang filosoferen en het liefst in zijn eigen *banja*. De Russische sauna hoort bij zijn prachtige hotel dat hij aan een van de Petersburgse kanalen met zwoegen uit de grond heeft gestampt. Het is luxe, intiem en het ademt vooral sfeer, zijn Alexander House.

Samen hebben we de verslaggeving in oorlogen, rampen en typisch Russische crisissituaties overleefd. Hij heeft de frontlinies van de journalistiek verlaten en heeft zich verder op Petersburg gestort. Hij heeft plannen, ideeën en hij weet zijn weg te vinden in het Petersburgse circuit om zijn plannen ook uitgevoerd te krijgen. Hij wil veel van Petersburg behouden. Hij heeft in Rotterdam, Amsterdam, New York en Londen gezien hoe oude havenkaden, pakhuizen en industrieterreinen een nieuw leven kregen. Niet door het oude af te breken, maar door op een eigentijdse manier het oude leven in te blazen met een nieuwe functie.

Zo kan het historische Petersburg ook overleven, vindt hij. Hij voert een kruistocht om zijn ideaal te bereiken. Het gaat soms om details, zoals een klassieke banja. Banja nummer één in Petersburg is enkele jaren geleden afgebrand en daarmee verdween de laatste traditionele publieke Russische sauna uit het Petersburgse stadsbeeld. Sasja heeft de beste banja-verzorgers overgenomen en in zijn hotel zijn trots laten maken. Een geheel op traditionele principes geschoeide sauna. Hij wordt alleen op hout gestookt. De gedroogde takken van de berkenboom geuren altijd vers onder je hoofd terwijl banja-specialist Sergej je rug bewerkt met zijn berkentakken.

Als de hitte en de berkenkastijding je te veel worden, dan geef je Sergej een seintje en volg je zijn orders je onder te dompelen in het ijskoude water waarin in de lange winter altijd een ijsschotsje drijft.

Na de behandeling zetten Sasja en ik de filosofie over het leven voort. We drinken bier en eten gedroogde vis. Totdat Sergej meldt dat het tijd wordt voor een nieuwe behandeling. Het lichaam geeft zich helemaal over aan de hitte en de berkenslagen op je rug. Dit keer eindig je niet in het ijskoude bad, maar hanteert Sergej de waterspuit die hij langzaam van koud naar warm laat gaan. Het lichaam roept uit al zijn poriën dankjewel voor een dergelijke behandeling. Een bezoek aan Petersburg zonder behandeling in Sasja's traditionele banja is voor mij niet compleet.

Datzelfde geldt voor mijn traditionele ontmoeting met het Europa Hotel. Decadent? Misschien wel, maar ik kan het niet helpen dat iemand ooit het idee heeft gehad dat er in deze wonderlijke stad behoefte is aan een enclave waar de invloeden van het moeras het minst aanwezig zijn. Waar je even ontkoppeld wordt van de stad waaraan het aureool van de dood verbonden is. Hier ontmoetten de groten der aarde elkaar. De Russische schilder Karl Brjoellov hield er zijn bruiloft. De groten der letteren onttrokken zich in de restaurants van het hotel aan de stad die zij haatten. De illustere schrijver Fjodor Dostojevski prikte er een vorkje met de al even illustere Ivan Toergenjev en ze deden net of ze niet in Petersburg waren, maar in een Europese hoofdstad.

Toergenjev had een suite in het hotel. Hij onderging er menige bloemenhulde. Hij was een ster en hij liet zich als zondanig behandelen. Hetzelfde deed Maksim Gorki jaren later. De peetvader van de Sovjetliteratuur hield er spreekuur in zijn suite. Hij oordeelde er over de toekomst van jonge talenten. De dichter Vladimir Majakovski frequenteerde het hotel steeds vaker naarmate zijn desillusie over de revolutie toenam. Ook Majakovski was een ster.

In oktober 1927 droeg hij zijn gedichten voor in een uitverkochte Filharmonie aan de overkant van zijn suite. Na het daverende succes wilde hij zich verpozen op het dakterras van het Europa Hotel dat de toepasselijke naam Krysja (Dak) droeg. Het bedienende personeel, al afglijdend naar het Sovjetniveau van dienstverlening, maakte geen aanstalten de glazen te vullen en het souper te serveren. Majakovski eiste het klachtenboek. Hij pende een hele bladzijde vol. Zijn liefde voor de revolutie was allang over. Het was zijn laatste daad van protest tegen het communistische regime. Er werd hem een visum geweigerd om naar Parijs te gaan. In juli 1930 pleegde de gekwelde dichter zelfmoord. Niet in het Europa Hotel, maar in Moskou.

De choreograaf Marius Petipa kon een leven zonder het Europa Hotel niet voorstellen. De Franse balletmeester diende drie tsaren. Uiteraard legden talloze gekroonde hoofden zich hier ter ruste. Maar het duurde lang voordat deze tempel van dienstbaarheid er stond.

De Italiaanse architect Carlo Rossi bedacht de Michajlovstraat die van de Nevski Prospekt af ruim zicht moest geven op het Alexander Paleis, nu het Russisch Museum. Net als in de Theaterstraat had hij in het hoofd dat de korte straat die uitkomt op het Plein der Kunsten aan beide kanten moest worden geflankeerd door één gevelpartij. Zijn opvolgers hebben hem voor de helft gevolgd. Aan de kant waar nu het Europa Hotel staat is er één gevel. Pas in 1823 legden de Duitser Hugo Klee en de Fransman Jean Coulon de basis voor het hotelwezen in Petersburg. Klee en Coulon waren elkaars concurrenten. Ze runden hun eigen hotels, maar hadden het moeilijk enige diensten van niveau te bieden in Petersburg, dat ondanks het Europese uiterlijk verrassend veel Russische trekjes bleef vertonen.

De eerste reizigers maakten in hun verslagen gewag van 'wakker te worden bedolven onder een leger kakkerlakken'. Klachten over het gebrek aan properheid waren legio. En de gastvrijheid van de uitbaters zelf liet kennelijk ook nogal te wensen over. Weer duikt hier de Franse markies De Custine op, die vele kronieken bij elkaar schreef over zijn reizen door Rusland en in het bijzonder Petersburg. Hij kwam dit keer naar de hoofdstad om het huwelijk bij te wonen van groothertogin Marie. Hij logeerde bij Coulon.

De markies: 'In het hotel Coulon trof ik een gedegenereerde Franse herbergier aan. Het huis is vol vanwege het huwelijk. De herbergier leek er niet gewillig ook mij nog logies te verschaffen. En het logies dat hij kon bieden mocht nauwelijks die naam dragen.' Klee's zoon pakte de zaken voortvarender aan. Hij kocht Coulons herberg en maakte van beide panden één hotel onder de naam Rossija. Sinds dat moment ging de roem van het hotel bergopwaarts. In 1875 nam een internationaal consortium het roer over en kwam de naam Hôtel de l'Europe op de gevel te hangen. Het consortium maakte er een Grand Hôtel van met een luxe tot dan zelfs elders in Europa ongeëvenaard. Er werden steeds nieuwe dingen bedacht om de gasten te verwennen. In 1905 kwam er een daktuin met restaurant, het al eerder genoemde vermaarde Krysja.

De Weense walskoning Strauss schreef er speciaal voor de opening van de eerste Russische spoorlijn naar Pavlovsk de Spoorlijn Polka. Hij dineerde er met de componist Pjotr Tsjajkovski, vermelden de annalen van het hotel in 1886.

Onvermijdelijk dat ook jaren later, rond 1916, Raspoetin veelvuldig in de restaurants verbleef, geflankeerd door aantrekkelijke dames en belangrijke gesprekspartners. Het was het hoogtepunt van zijn macht. Al zijn escapades werden opgetekend door de geheime dienst die elke stap van de lieveling van de tsarenfamilie volgde. Vreemd genoeg heeft de revolutie geen einde gemaakt aan het paleis van de decadentie. Het hotel verloor wel even zijn naam en werd omgedoopt tot 'Huis van de Sovjetklerken', maar niemand gebruikte die malle naam. Het bleef voor iedereen Europa Hotel.

Vooral Stalin gebruikte het hotel om buitenlandse gasten te verwennen en hen te winnen voor zijn revolutie. De grote schrijvers George Bernard Shaw en H.G. Wells werden er in 1931 in de watten gelegd. Velen zouden hen volgen. Het personeel bleef 600 man sterk, maar was aan een strenge controle onderworpen. De Petersburgers werden op grote afstand gehouden van het hotel waar een luxe was te vinden die de Sovjetburger vreemd was.

Hoewel, veel westerse bezoekers dachten toch anders over die luxe. In 1932 kwam een van de schaarse groepen toeristen per boot uit Engeland in Leningrad aan. Het gezelschap onderging de propaganda die over hen werd uitgestort door hun begeleiders met veel sarcasme. Het Grand Hôtel de l'Europe kreeg eveneens een koele beschrijving: 'Het interieur van het hotel had veel weg van de hal van een station, geen tapijten op de vloer, nauwelijks licht. Aan de kamersleutels hing een label met de hamer en de sikkel. In de hal zat een slonzige vrouw die sigaretten en postzegels verkocht. In de kamers waren nauwelijks handdoeken, de badkuip was verroest, een vies stukje zeep en de geur in de badkamer was niet bepaald sanitair. De trap in de hal had stijl, maar het was het enige respectabele ding in het hele hotel. De dinerzaal was een verlopen wintertuin die veel weg had van een gymzaal. De obers waren een verzameling onhandige, smerige boeren.' De meeste toeristen in het gezelschap raakten het voedsel niet aan uit angst te worden besmet met de een of andere ziekte omdat de hygiëne duidelijk te wensen overliet.

Tijdens de blokkade van Leningrad verloor het hotel zijn functie. Het werd een hospitaal met 1200 bedden voor de oorlogsgewonden. Het gebouw zelf kwam redelijk ongeschonden door de oorlog. Alleen de gevel aan de kant van de Nevski Prospekt liep bomschade op. Na de oorlog kreeg het staatsreisbureau van de Sovjet-Unie Intoerist opdracht het gebouw te herstellen en het weer in te richten als gastenverblijf voor buitenlanders. Het beroemde dakterras sneuvelde bij die naoorlogse renovatie.

Met het verval van de Sovjet-Unie bladderde ook de faam van het Europa Hotel langzaam af. Intoerist riep uiteindelijk eind jaren tachtig de hulp in van buitenlandse experts om het gebouw weer zijn status van Grand Hôtel terug te geven. Een Zweeds consortium had twee jaar nodig om de glorie van Grand Hôtel de l'Europe te herstellen. In december 1991 gingen de deuren open en ik was onder de eerste gasten.

Buitenlandse correspondenten gevestigd in Moskou kregen een speciale korting kennelijk bedoeld om het hotel te promoten. Die kortingen bestaan helaas niet meer. In 1995 nam de bekende hotelgroep Kempinski het management over. Sindsdien zijn de vijfsterrenprijzen iets te begrotelijk voor mijn portemonnee. Maar ik frequenteer nog wel de restaurants, de bar en het buitenterras in de zomer. Het blijft tenslotte een plek om je even terug te trekken. Even te schuilen voor de waanzin van Peters paradijs.

In de Jevropejski ontmoet je de 'rich and the beautiful', de 'beau monde', die zijn teruggekeerd naar het moeras van hun dromen. Natuurlijk zijn het mooie ontmoetingen als de nazaten van de Romanovs hun jaarlijks reünie houden in de Jevropejski. De Oranjes willen er nog wel eens inchecken.

Europa Hotel is een wonderlijke enclave voor bijzondere ontmoetingen. Elders in Petersburg hebben ontmoetingen vaak een trieste ondertoon passend bij de geschiedenis van de stad. De ontmoetingen met anonieme Sovjethelden van de koude oorlog bijvoorbeeld. Ik kwam met een groepje van hen in contact in 2002. De Hollywoodstudio's produceerden de film *K 19 The widowmaker*. Het is de Amerikaanse versie van de lotgevallen van de atoomonderzeeër K 19, die meer dan veertig jaar geleden een bijna-kernramp veroorzaakte. De 140-koppige bemanning van de K 19 is nagenoeg helemaal uitgestorven. De meesten zijn aan de gevolgen van stralingsziekte overleden. In 2002 zijn nog vijf bemanningsleden in leven, maar ook zij kampen met de gevolgen van stralingsziekte.

Eén traditie is in elk geval overeind gebleven in Petersburg. Het is naar tsaar Peters wens een marinestad gebleven. Het is weliswaar niet de thuishaven van de onderzeevloot, maar de bemanningsleden krijgen hier hun opleiding en vestigen zich na hun diensttijd in Petersburg om van hun pensioen te genieten. Misschien is genieten niet helemaal het goede woord. Ik vind de vijf overlevenden van de K 19 in een kaal klein flatje in een trieste buitenwijk van Petersburg.

Vijf volwassen mannen in een kaal flatje. Ze komen hier vaak samen. Het is het flatje van Viktor Stalbov. Hij is slecht ter been, de anderen kunnen zich nog makkelijk bewegen.

Als zijn vier kameraden zijn vertrokken rollen bij Viktor de tranen over zijn wangen. Dit zijn anonieme helden uit de koude oorlog. De K 19 heeft hun leven bepaald en nu maken Amerikanen goede sier met hun drama. Viktor beweegt zich moeizaam op zijn krukken naar het raam om nog even te zwaaien naar zijn vertrekkende vrienden beneden.

Viktor zegt: 'Ik zou zo weer gaan. Bij de marine. Niet op een gewoon schip, maar weer op een onderzeeër. Het is een ziekte, denk ik.' Viktor is een week voor onze ontmoeting zijn linkerbeen kwijtgeraakt. De artsen denken dat zijn rechterbeen spoedig moet volgen. Stralingsziekte heeft 40 jaar geleden zijn bloed verpest en sloopt nu langzaam zijn lichaam.

Viktor was de kok op de K 19 op het moment dat de eerste bijna-meltdown van een kernreactor op zee zich voor de ogen van de verbijsterde bemanning van de onderzeeër voltrok. Met weinig kennis, een groot improvisatievermogen en vooral heldenmoed voorkwam de bemanning een kernramp. Acht opvarenden verloren onmiddellijk het leven, nadat zij in de reactorruimte het opengebarsten koelsysteem hadden gerepareerd. Over de decennia dunde de 140-koppige bemanning snel uit.

De filmmakers in Hollywood zagen in het verhaal een spektakelfilm. Een scheutje heldenmoed en een scheutje Koude Oorlog. Wodka, gebrekkige technologie en domheid als Russische clichés doen het ook goed. De filmmakers doopten hun K 19 *The widowmaker*. De bemanning gaf haar schip na de bijna-ramp de meer toepasselijke koosnaam Hiroshima.

Joeri Moechin is kapitein ter zee in ruste. Hij is op het moment van onze ontmoeting de hoogste in rang van de nog in leven zijnde vijf zeelieden. Vadim Sergejev is stuurman in ruste. Samen vegen ze de vloer aan met de Amerikaanse filmversie van hun drama. Moechin: 'In de film worden we afgeschilderd als halve analfabeten. Dat is onzin. De hele bemanning was goed opgeleid en berekend voor haar taak. Er werd niet geschreeuwd tijdens de ramp. Iedereen deed zijn werk en nadat het schip weer onder controle was heerste er rust aan boord.'

De bemanning is beledigd, terwijl ze de filmmakers toch te woord hebben gestaan voordat het scenario werd geschreven. Ze hebben ook geadviseerd bij de opnamen in Canada. Moechin zegt: 'Russische filmmakers hadden de film moeten maken. De hele bemanning, levend en dood, verdient een eerbetoon. Dat is er nooit gekomen, ook niet van de Sovjet-autoriteiten. Waarom niet? We wisten dat we werkten aan een geheim project. Het was de eerste atoomonderzeeër die in de vaart kwam bij de Sovjetvloot. Onze commandant Nikolaj Zatejev zei voordat onze eerste reis begon: Een betere boot is er nooit gebouwd in de Sovjetvloot.' De K 19 kwam versneld in de vaart in de wapenwedloop met de Amerikanen. Was de bemanning toch deel van een laboratoriumproef? De mannen met wie ik de graven van hun inmiddels overleden kameraden bezoek in Petersburg willen er niet van weten. Slachtoffers van de Koude Oorlog zijn ze wel, Moechin en zijn mannen. Maar wel moedige mannen die een anoniem leven slijten in de marinestad die Peter de Grote zich wenste.

'Kom over vijftien jaar terug en deze stad overtreft het culinaire niveau van Parijs,' zegt Igor Nikolajevitsj Ivanov. Het is weer zo'n Petersburgse ontmoeting die beklijft. Igor is een van de topkoks van Petersburg. We hebben dit keer afgesproken in een Grieks restaurant dat luistert naar de naam Oliva aan de Bolsjaja Morskajastraat. Het ziet er wat toeristisch uit. Igor wil er lunchen, omdat hij in zijn eigen restaurant (op dit moment Boel Var) een Grieks menu onder de knie wil krijgen. 'Kookkunst is zien wat anderen doen,' zegt hij. Igor begon als 15-jarige als manusje-van-alles in de keuken van het hotel Europa. 'De beste koks uit de wereld, de mooiste apparatuur en de fijnste producten. Een betere leerschool kon ik niet hebben,' zegt hij.

De restaurantgeschiedenis van Petersburg begon al ver voor de revolutie. Tsaar Alexander haalde chef-kok Anton Karin uit Parijs die twee jaar de tijd kreeg om een heel leger Russische koks op te leiden die de basis zouden vormen voor een restauranttraditie in de stad die tot dan toe niet bestond. Aan het hof waren koks en de adellijke families hadden hun eigen, doorgaans Franse keukenstaf.

Igor: 'Karin slaagde en sindsdien hebben we een traditie zien groeien onderbroken door zeventig jaar communisme. Maar de culinaire ziel is niet vertrokken uit Petersburg. Dat merk je als je nu naar Moskou kijkt. Er is een groot verschil tussen de restaurants in beide steden. Hier heb je goede restaurants die betaalbaar zijn. In Moskou heb je praktisch alleen maar restaurants die onbetaalbaar zijn. Hier in Petersburg ligt het accent op de keuken en in Moskou op de aankleding van het restaurant. De Moskovieten maken van uit eten gaan een soort show.'

In de keukens van het Europa Hotel ontmoette Igor nog koks die de NEP, de nieuwe economische politiek van Lenin, hebben meegemaakt. De NEP was een kleine verlichting in de collectieve communistische economie. Kleine privébedrijven mochten en daaronder vielen ook restaurants. Igor: 'Het was maar een korte periode, maar je zag toen onmiddellijk de herleving van de Petersburgse tradities.'

In de ogen van Igor is die herleving nu ook in volle gang. Oude traditionele restaurants zoals Palkin aan de Nevski Prospekt keren terug. 'Ook Literatoernoje Kafe is terug, een goed voorbeeld van een betaalbaar restaurant met een goede keuken. Petersburg heeft altijd een gevoel van vrijheid gekend, zelfs onder de ergste periode van repressie onder Stalin. Dat is weerspiegeld in zijn restaurants.'

De ontwikkeling gaat langzamer dan in het inmiddels verwende Moskou. Pascal van den Broek kan daar goed over praten. Deze Limburgse Nederlander kwam begin jaren negentig naar Petersburg om er nooit meer weg te gaan. Hij runde er lange tijd bar-restaurant Tribunal. De eerste plek in Petersburg met een keuken die voor de eerste rijken in Petersburg een keuze gaf die ver uitsteeg boven het Sovjetniveau waarop de meeste restaurants toen nog opereerden.

Inmiddels heeft hij de Terra Cotta-club. Het is een kelder bar-restaurant met een eenvoudige, maar prima menukaart. Ik ga de verhalen van Pascal niet navertellen. Hij kan veel beter vertellen hoe hij in de wilde Petersburgse jaren negentig toen de maffia de baas was in de stad, de maffiabazen overleefde. Wat hij in 1996 kookte voor toen president Bill Clinton is een van zijn standaardverhalen. Hij haalt iedere keer de foto tevoorschijn als bewijs dat het hele verhaal echt waar is.

Nederlanders bouwen niet alleen een stormvloedkering om Petersburg te redden. Nederlanders zijn alom aanwezig. Mijn ontmoetingen met voetbaltrainer Dick Advocaat en zijn assistent Cor Pot houden verband met het succes van dit duo in de Russische voetbalwereld. Zenit is de enige topclub die deze miljoenenstad levert aan de Russische voetbalcompetitie die wordt beheerst door clubs uit de hoofdstad Moskou. Advocaat bracht Zenit in 2007 naar het kampioenschap en een jaar later naar de UEFA-cup. Zenit is meer dan voetbal. De club is Petersburg. Het stadion is altijd vol. De supporters zijn talrijk en luidruchtig.

Het Nederlandse trainersduo geniet van het succes en van Peters paradijs in het moeras, dat aan een nieuw leven schijnt te zijn begonnen.

Peterhof, een plaats van liefde

Verantwoording

Ik ben geen inwoner van Petersburg, noch een bezoeker, maar een eeuwige toerist. Toeristen hebben hulp nodig hun weg te vinden in de stad die zij bezoeken. Ik ben wel een toerist die Petersburg zo vaak heeft bezocht dat ik aan het randje sta van het privilege mijzelf inwoner te mogen noemen. Niettemin heb ik hulp gekregen bij het maken van dit boek. Allereerst is er Zoja Rjoetina. Zij deelde niet alleen alle kennis die zij heeft over haar Petersburg, haar tweede stad na Moskou. Ze nam mij ook het werk uit handen om de sporen te volgen van drie grote dichters uit de geschiedenis van de stad, Alexandr Poesjkin, Anna Achmatova en Iosif Brodski. Het trio heeft niet alleen een stempel gedrukt op Petersburg, maar de drie dichters hebben met de stad als bakermat de vermaarde Russische poezie glans gegeven.

Zoja heeft over de drie tsaren van de Russische letteren een heel hoofdstuk geschreven (hoofdstuk 5) dat een wandeling is door het leven van deze grote Petersburgers. Zoja leidde mij ook langs alle problemen bij het maken van mijn twee vorige boeken *Moskou is een gekkenhuis* en *Russen zien ze vliegen*. Dat deed ook Geert Groot Koerkamp, de stille kracht op de achtergrond. Ook bij dit boek over Petersburg was hij er om te ondersteunen en te inspireren en te corrigeren. We delen allemaal die merkwaardige verhouding met de tweede stad van Rusland. Hij maakte ook de mooie vertalingen van de gedichten in dit boek, tenzij anders is vermeld.

Bij mijn talloze bezoeken aan Petersburg in de afgelopen jaren stond gelukkig altijd New Communications paraat. De club van Sasja Zjoekov, die intussen ook een vooraanstaande hotelier is in de stad. De jonge Jevgeni Roedny die nu aan het roer staat van New Communications stond mij op vele tochten terzijde en deelde mijn verbazing over zijn eigen stad.

Zonder boeken die al zijn geschreven over Petersburg om mijn basiskennis te vergroten ging het natuurlijk niet. Ik noem er een paar. De gedenkboeken van de hotels Astoria en Europa zijn juweeltjes van informatie. Over de geschiedenis van de stad ging ik te rade bij *A Lifelong Passion, Nicolas and Alexandra, Their Own Story* door Andrej Maylunas en Sergej Mironenko.

The Last Tsar, the Life and Death of Nicolas II van Edvard Radzinsky. En van dezelfde schrijver *Rasputin, Life and Death* en *Stalin's Years of Terror*. Over die jaren raadpleegde ik ook Dmitri Volkogonovs boek *Triomf en tragedie*.

Een standaardwerk over Petersburg is uiteraard de dikke bijbel van Solomon Volkov *St. Petersburg, A Cultural History*. Mijn kennis over de Hermitage kon ik toetsen in boeken als *The Hermitage 1989, Hermitage 1991, Roesski moezej Moeseoe, Netherlandish Painting in Soviet Museums 1987.* De *Poetevoditel, S-Peterboerg* uit 1903 was een handig gidsje naar het verleden. Het boek *Michajlovski Zamok* was eveneens goed om te raadplegen voor de sfeertekeningen. En Henri Troyats portret van Peter de Grote is altijd handig om bij de hand te hebben.

De foto van Anna Achmatova aan het begin van hoofdstuk 5 is beschikbaar gesteld door het archief van het Anna Achmatova Museum Fontanny Dom.

Net als *Moskou is een gekkenhuis* is dit geen toeristische gids. Het is het verhaal van mijn Sint Petersburg, maar het kan toekomstige bezoekers aan de stad wel helpen hun eigen relatie met deze wonderlijke stad te zoeken.

Sint Petersburg, augustus 2008

St. Petersburg

Kruiser
'Avrora'

Drievuldig-
heidsplein

Peter de
Grote huisje

Neva

Peter- en Paulsvesting

Marmeren
Paleis

Peter de Timmerman
(Pjotr Plotnik)

Zomertuin
Marsveld

Litejny Prospekt

Universiteit

Hermitage

Mensjikov-paleis

Paleisplein

Michajlovski-kasteel

Bronzen Ruiter

Admiraliteit

Russisch Museum

Nevski Prospekt

Hotel 'Astoria'

Gorochovaja oelitsa

Kazan-
kathedraal

Aleksandr-theater
(Poesjkin-dramatheater)

Isaacskathedraal

Mariinski-
paleis

Mariinski-
theater

Dostojevski-
museum

Moskou-
station

Zagorodny Prospekt

Blokmuseum

Aleksandr
Nevski-klooster

1000 m

© GeoMedia 2006 (7208)

Colofon

Petersburg, Paradijs in het Moeras van Peter d'Hamecourt
werd in opdracht van uitgeverij Conserve te Schoorl gezet door
BeCo DTP-Productions in Epe in de Sabon corps 10/13 punts
en gedrukt door drukkerij Hooiberg Salland in Deventer.
Foto's omslag, achterzijde en binnenwerk: Oleg Klimov
Vormgeving: Jeroen Klaver, Shamrock International

1e druk: oktober 2008

Uitgeverij Conserve

Postbus 74, 1870 AB Schoorl
E-mail: info@conserve.nl
Website: www.conserve.nl